화교 디아스포라의 혼종성과 문화영토

저자

임채완 전남대학교 정치외교학과 교수, 세계한상문화연구단 단장, 정치사회학 박사

윤성민 (전) 전남대학교 세계한상문화연구단 연구교수
(현) 신라대학교 국제통상학부 조교수(교육전담), 법학 박사

리 단 부경대학교 국제지역학부 중국학 전공 교수, 정치학 박사

최승현 전남대학교 국제학부 한중문화학 전공 교수, 역사학 박사

전남대학교 세계한상문화연구 5차 총서 8

화교 디아스포라의 혼종성과 문화영토

2015년 8월 25일 초판 인쇄
2015년 8월 30일 초판 발행

지은이 | 임채완 · 윤성민 · 리단 · 최승현
펴낸이 | 이찬규
펴낸곳 | 북코리아
등록번호 | 제03-01240호
주소 | 13209 경기도 성남시 중원구 사기막골로 45번길 14
우림 2차 A동 1007호
전화 | 02-704-7840
팩스 | 02-704-7848
이메일 | sunhaksa@korea.com
홈페이지 | www.북코리아.kr
ISBN | 978-89-6324-445-7 (93300)

값 18,000원

* 이 총서는 2010년도 정부재원(교육과학기술부 인문사회연구역량강화사업비)으로 한국연구재단의 지원을 받아 연구되었음(NRF-2010-413-2013S1A5B8A01055017).
This work was supported by the National Research Foundation of Korea Grant funded by the Korean Government(NRF-2010-413-2013S1A5B8A01055017).

전남대학교 세계한상문화연구 5차 총서 8

화교 디아스포라의 혼종성과 문화영토

Chinese Diaspora: Hybridity and Cultural Territory

임채완 · 윤성민 · 리단 · 최승현

북코리아

총서를 펴내며

이 연구총서는 전남대학교 세계한상문화연구단이 2010년도 한국연구재단 대학중점연구소지원사업에 선정된 "민족분산과 지구적 소통으로서 디아스포라 연구"라는 연구과제 중 제1단계 "동북아시아 민족분산과 문화영토"라는 3년간의 연구과정 중 제3차년도에 해당되는 내용으로 1년간 수행한 연구결과물을 엮어 출판한 것이다. 향후 중점연구는 계속해서 제2단계 3년간 "동북아시아 디아스포라의 초국가적 성격", 제3단계 3년간 "디아스포라 공동체와 지구적 소통"이라는 연구주제로 총 9년간에 걸쳐 수행되며 연구결과물은 총서로 출판될 예정이다.

본 연구단이 수행한 중점연구 제1단계의 연구목표는 근 · 현대 동북아 디아스포라 공동체에 대한 역사적 문화인류학적 연구방법을 통해 동북아 디아스포라의 이산경로와 문화영토를 학문적으로 재현하는 데 있다. 이를 위해 근 · 현대 동북아 디아스포라(한인, 화인, 일계인)의 민족분산과정에서 형성된 디아스포라 이주루트(Diaspora Route)를 계보학(Genealogy)의 관점에서 지도화(Mapping)하고, 이주과정에서 형성된 그들의 경험과 기억을 '개별적 기억', '집단적 기억과 영토의 재구성', '축제와 민속에 나타난 문화의 재구성'이라는 세 가지 관점에서 접근하고 있다.

구체적으로 중점연구 제1단계 3년간의 연구수행 내용을 살펴보면, 제1년차는 동북아 민족 이산자들의 개별적인 월경 경험과 기억을 구술생애사 채록 등의 다양한 방법으로 자료를 수집하였다. 제2년차는 제1년차에서 연구한 디아스포라 민족분산에 관한 개인적 기억에 이어, 공간적 치환과정에서 경험한 집단적 기억을 재현하는 데 중점을 두었다. 즉 이주자들이 거주국(Host Country)에서 어떻게 터를 잡고 재영토화를 시도하였는지에 대하여 집거지 연구를 통해 조명하는 것이다. 제3년차는 동북아 디아스포라 공동체가 비교적 잘 형성된 연구대상 지역을 중심으로 혼종성과 문화영토의 관점에서 축제와 민속문화 자원을 수집하여 민속학적으로 해석하는 작업이다. 이러한 연구결과를 토대로 동북아 디아스포라들이 이산의 땅에서 공동체 문화를 어떻게 집단적으로 재현해 내고 있는지를 탐구하는 것이며 3년간의 연구과정에서 수집된 문헌자료와 구술채록 등 연구 성과물을 아카이브 시스템으로 구축하여 후속연구에 유용한 자료를 제공할 것이다.

제1단계 제1차년도 연구총서는 『코리안 디아스포라: 이주루트와 기억』, 『화교 디아스포라: 이주루트와 기억의 역사』, 『일계인 디아스포라: 초국적 이주루트와 글로벌 네트워크』 등 총 3권으로 출판되었다. 제2차년도 연구총서는 『코리안 디아스포라의 집단적 기억과 재영토화』, 『화교 디아스포라의 집단적 기억과 재영토화』, 『일계인 디아스포라의 초국적 공간 이동과 재영토화』 등 총 3권으로 간행되었다. 이번에 출판되는 제3차년도 연구총서는 『코리안 디아스포라의 혼종성과 문화영토』, 『화교 디아스포라의 혼종성과 문화영토』, 『일계인 디아스포라의 혼종성과 문화영토』 등 총 3권이다.

중점연구 제1단계 제3차년도는 "근 · 현대 해외한인, 화인, 일계인의 집거지와 문화영토 비교"라는 주제로 제2년차에서 연구한 동북아 디아스포라의 공간적 치환과 재영토화에 이어 집거지와 문화영토의 비교 연구를 수행하였다. 본 연구소는 중점연구 제1팀(해외한인 연구팀), 중점연구 제2팀(해외화인 연구팀), 중점연구 제3팀(해외일계인 연구팀) 등 세 팀으로 구성하여 한·중·일 3국을 중심으로 동북아 디아스포라의 새로운 정착지에서의 집거지와 문화영토를 비교 분석하였다.

연구방법으로서는 문헌연구를 바탕으로 설문조사와 면접조사를 실시하였다. 국외지역으로는 중국, 일본 및 동남아 화교권 국가인 싱가포르, 말레이시아, 그리고 국내지역으로는 인천과 부산 차이나타운, 서울 동부이촌동 일본인타운 등을 방문하여 현지조사를 실시하였다. 중점연구 세부팀별로 연구성과 및 수집자료는 다음과 같다.

첫째, 한인팀은 문헌연구와 더불어 중국 연변조선족 자치주를 직접 방문하여 현지조사를 실시하였다. 또한 일본 도쿄, 오사카는 현지 연구협력자를 통해 설문조사와 기초자료 수집 활동을 진행하였다. 현지조사는 중국 연변조선족의 문화생활 실태를 파악하고 관련 기초자료를 수집하기 위해 연변조선족자치주의 연길시, 룡정시, 도문시 등을 방문하였다. 구체적인 현지조사 및 자료수집 성과는 다음과 같다.

먼저 연변조선족의 이주과정 및 이주경로, 민속명절 및 민속놀이 향유실태, 기념행사 및 축제 향유 실태 등을 살펴보기 위해 설문조사와 면접조사를 실시하였다. 설문조사는 연변조선족 대상 문화생활 실태조사를 실시하여 172부를 회수하였다. 면접조사는 박학송 연길시 소영진 하룡촌 주민, 심연화 도문무형문화유산전람관 관장, 김경남 도문시 월청진 백룡촌 백년부락 족장, 최민호 연변대학 사회학과 교수, 김용수 룡정시 개산툰진 광소촌 당 서기, 김문익 룡정시 조선족민속박물관 관장 등을 면담하였다. 연변조선족 마을 탐방은 연길시 소영진 하룡촌, 도문시 월청진 백룡촌 백년부락, 룡정시 광소촌 어곡전, 룡정시 명동촌 등을 방문하였다.

연변조선족 민속문화 및 놀이, 축제 관련 기초자료는 도서 및 단행본으로 중국조선족풍속백년, 중국조선족풍속, 조선족민속문화급기중국 특색, 중국조선족무형문화유산전시 소개 책자, 조선족민속연구 1-3권 등을 수집하였다. 영상 DVD 자료는 조선족 민속문화 10개(민속체육, 민속무용, 민속놀이, 세시풍속, 인생의례, 의상문화, 거주문화, 음식문화 등), 연변조선족자치주 창립 60주년 기념 대형광장 예술 공연 연변찬가 1개, 중국 도문시 근・현대 역사 및 민속문화 소개 1개 등을 수집하였다. 사진자료는 연변조선족 민속문화기관(조선족민속원, 연변박물관, 도문시 비물질문화유산전람관, 룡정시 조선족민속박물관), 조선족촌(연길시 소영진 하룡촌, 도문시 월청진 백룡촌 백년부락, 용정시 개산툰진 광소촌 어곡전, 명동촌 등), 민속행사(대보름 행사, 회갑잔치 등) 및 축제(도문 빙설제) 관련 사진 400장을 수집하였다.

재일코리안의 문화생활 실태 조사 및 민속문화생활 관련 기초자료 수집은 예산 부족으로 현지 연구자의 협조로 간접적으로 진행되었다. 재일코리안의 문화생활 설문조사는 뉴커머와 올드커머들을 대상으로 100부를 회수하였으며, 민속문화생활 관련 자료 수집은 기존 발굴 자료들을 정리하였다.

둘째, 화인팀은 해외화인의 문화영토라는 연구를 수행하기 위해서 문헌연구와 더불어 일본 요코하마, 고베 차이나타운 그리고 국내 부산 차이나타운 등을 중심으로 현지조사를 실시하였다. 일본 요코하마와 고베, 그리고 국내 부산 초량의 차이나타운에서 해외화인의 전통문화와 민속놀이에 대한 설문조사와 면접조사를 실시하였다. 구체적인 연구수행 및 자료수집결과는 다음과 같다.

먼저 설문조사는 일본 요코하마 차이나타운 거주 화교화인을 대상으로 설문조사를 실시하여 총 189부를 회수하였다. 면접조사는 화인의 이주과정, 이주경로, 정착지에서 생활, 국가정체성 및 문화정체성, 일본 생활 등의 내용을 중심으로 요코하마 화교학교(대륙계 · 대만계), 요코하마 화교협회(대륙계 · 대만계), 일본복건경제문화추진회(日本福建經濟文化促進會), 요코하마 지회 등을 방문하여 총 8명(羅先生 50대 남성, 李先生 60대 남성, 黃先生 60대 여성, 陳先生 30대 남성, 謝先生 50대 남성, 張先生 30대 남성, 曹先生 60대 남성, 林先生 40대 남성)을 면담하였다.

화인 관련 기초자료 수집은 화교협회와 화교학교, 일본복건경제문화추진회에서 춘절행사 관련 팸플릿 및 행사 관련 CD 자료 2개, 일본 요코하마 서점과 협회에서 도서 11권 구입 및 대만 화교협회의 6권 및 잡지 3권 도서 입수, 논문집(3권: 1976, 2010, 2011년), 요코하마 및 고베 차이나타운 내 화교단체, 화교인 경영 음식점 등 사진 100장을 수집하였다.

국내 재한화교 집거지 조사에서는 부산 초량 차이나타운에 거주하는 재한화교 4명에 대한 면접조사와 설문조사(125부)를 실시하였다. 조사 대상자는 한국에서 태어나 자란 화교 3-4세대를 중심으로 진행하였으며, 면담 대상자 모두 대만 국적 소유자로 선정하였다. 즉 중국 국적을 보유하고 한국에서 태어나고 자라면서 중국 전통 민속문화에 대한 경험과 한국에서 한국 전통문화에 대한 경험의 비교를 통하여 재한 화교 · 화인으로서 다중 정체성과 모국과의 연계성 그리고 한국 국적취득에 대한 재한 화교들의 민족정체성과 특성을 밝히고자 하였다. 부산 차이나타운 내 설문조사는 125부를 회수하였고 면접조사는 4명(곡○지 10대 여성, 곡○정 50대 남성, 의○주 50대 남성, 공○부 50대 남성)이었다. 수집자료는 구술채록 음성파일 4건, 차이나타운 거리, 건물, 상징물, 화교 경영 음식점 등 사진자료 30건이었다.

셋째, 일계인팀은 제3차년도 '근 · 현대 해외 한인 · 화인 · 일계인의 집거지와 문화영토'라는 연구과제를 수행하기 위해서 문헌연구와 더불어 일본 도쿄 재일한인역사자료관, 요코하마 JICA 해외이주자료관 자료실, 가나가와 현 쓰루미 구 NPO법인 ABC저팬, 군마 현 오이즈미마치 다문화공생커뮤니티센터 등을 방문하여 현지조사를 실시하였다. 이번 조사 목적은 제3차년도 연구주제인 일계인 디아스포라 공동체가 잘 형성된 일계인 타운을 중심으로 문화영토의 관점에서 축제와 민속문화자원을 수집하여 민속학적으로 해석하는 작업을 수행하는 데 필요한 자료를 수집하는 데 있었다. 구체적으로 일계인들이 일본현지 이주지에서 디아스포라 공동체 문화를 어떻게 재현해 내고 있는지를 해석하는 데 필요한 자료를 수집하였다.

설문조사는 일본현지 군마 현 오이즈미마치 브라질리안 플라자 마쓰모토 기누에 사장의 협력으로 현지조사를 실시하여 총75부를 회수하였다. 면접조사는 가나가와 현 쓰루미구 국제교류라운지 사이타(중국조선족), 토미모토(NPO ABC저팬), 야마시타(구청 직원) 지역진흥과장보좌, NPO ABC저팬 하시모토, 일계인 음악가 오마가리, 일계브라질인 직업학교장 구와바라 마리아, 조치대학 일계인 연구자 야마구치 엘리사 교수 등 모두 8명을 면담하였고, 사진 300장, 일계인 관련 문헌자료 7건 등을 수집하였다.

국내 재한일본인에 대해서도 설문조사와 면접조사를 실시하였다. 설문조사는 서울, 부산, 광주 등 대도시 거주 재한일본인을 대상으로 실시하여 120부를 회수하였다. 재한일본인 문화적응 및 네트워크 관련 구술채록은 재한일본인(가네코, 마치다, 야마우치, 오쿠라, 와타나베, 가리베, 요시다, 히구치, 이소가이, 구마베, 쓰치마, 다나카, 후지노, 후지타 등) 총 18명을 면담하였다.

일본 현지조사의 연구성과는 설문조사 75부, 인터뷰조사 10명, 사진자료 300장 촬영, 참고문헌 단행본 7권 입수, 국내 현지조사에서는 서울과 부산 등지에 거주하고 있는 재한일본인 18명 인터뷰 조사, 설문조사 120부 회수, 재한일본인 관련 다수의 사진 및 참고자료 등을 수집하였다.

끝으로 연구단 총서가 발행되기까지 물심양면으로 도와주신 모든 분들에게 감사드린다. 먼저 중점연구사업의 일환으로 동북아 디아스포라 연구를 수행할 수 있도록 지원해주신 한국연구재단 관계자, 그리고 연구단이 주최한 각종 국내 및 국제 학술대회에 참석하여 연구성과에 대한 발표자 및 토론자로 유익한 조언을 해주신 국내외 디아스포라 전문가 및 학자, 연구단 홍보에 아낌없이 지원해주신 언론방송 관계자 여러분들께 진심으로 감사드린다. 또한 이른 아침부터 밤늦게까지 24시간 불철주야로 연구단의 불을 밝히고 연구에 전념해준 공동연구원, 연구교수, 그리고 대학원생 및 연구보조원들에게 감사드린다.

2015년 8월 용봉골에서

진남대학교 세계한상문화연구단장 임채완

추천사

글로벌시대 디아스포라는 모국과 거주국뿐만 아니라 국제사회를 연계하는 중요한 행위자로 인식되면서 모국의 영향력을 확대해 나가는 데 유용한 자원으로 활용되고 있습니다. 특히 디아스포라는 다문화적이고 다언어적인 특성을 갖고 있어 각 국가마다 이들과의 네트워크를 형성하여 정치 · 경제 · 문화적 영향력을 확장해 가는 데 힘을 쏟고 있습니다. 또한 학계에서도 디아스포라 잠재력에 대한 학문적 논의가 활성화되고 있습니다.

이러한 상황에서 국내외적으로 글로벌 디아스포라 연구의 선도적 역할을 수행하고 있는 전남대학교 세계한상문화연구단이 한국, 중국, 일본의 디아스포라들의 현지 집거지에서 꽃피운 전통 민속문화 생활과 다양한 축제문화를 조사하여 세 권의 연구 총서를 발간하게 된 것은 매우 뜻깊은 일입니다. 재외동포 업무를 주관하는 책임자로서 임채완 단장과 공동연구원, 연구교수, 그리고 연구보조원 여러분에게 진심으로 축하의 뜻을 전해드립니다.

『코리안 디아스포라의 혼종성과 문화영토』, 『화교 디아스포라의 혼종성과 문화영토』, 『일계인 디아스포라의 혼종성과 문화영토』 등으로 구성되어 있는 이번 총서는 근 · 현대 동북아 디아스포라(한인, 화인, 일계인)가 거주국사회에서 자신들의 고유한 문화와 거주국사회의 문화 간의 접촉과 교류를 통해 새롭게 형성되고 있는 다양한 문화를 고찰하고 있습니다.

동북아 디아스포라의 문화영토에 관한 이번 연구총서는 한국, 중국, 일본 등 세 국가의 디아스포라가 모국의 전통 민속문화와 생활풍습, 그리고 거주국사회의 전통 민속문화와 생활풍습을 지역사회에서 어떻게 재현하고 향유하는지에 대해 현지조사를 통해 상세히 기술하고 있다는 점에서 학문적 의의가 있다고 사료됩니다. 또한 거주국사회에서 개최되고 있는 디아스포라의 축제문화가 어떻게 이루어지고 있는지에 대해 다양한 사례를 제시하고 있어 디아스포라 연구의 기반을 확장시키는 데 기여할 것으로 보입니다.

이 총서는 현재 다문화시대로 진입한 한국사회에 많은 시사점을 제공하고 있습니다. 현재 우리 사회는 외국인 이주노동자, 결혼이주여성, 외국국적 동포, 북한이탈주민들이 매년 증가하면서 서울특별시 영등포구 대림동, 경기도 안산시 뗏골마을, 광주광역시 광산구 월곡동 등 집거지를 형성하여 지역사회 구성원들과 다양한 형태의 문화생활을 경험하고 있습니다. 또한 이들은 지역사회에서 구성원들과 함께 다양한 축제 및 이벤트를 통해 문화적 이질감을 해소해 나가는 데 노력하고 있습니다. 그러나 우리 사회는 같은 민족이라 할 수 있는 외국 국적 동포 및 북한이탈주민, 나아가 외국인 노동자에 대한 심리적 거리감은 여전히 존재합니다. 이러한 맥락에서 이번에 발간된 세 권의 연구 총서는 이주민에 대한 우리 사회의 인식과 태도를 개선하는 데 많은 시사점을 제공할 것으로 생각됩니다.

마지막으로, 불철주야 고생한 끝에 생산된 이 연구 총서가 재외동포, 북한이탈주민, 외국인 이주노동자, 결혼이주여성 관련 정부기관 및 시민단체 등의 정책적 지원 방안 수립과 전문 연구자들의 학문적 탐구에 유용한 자료로 활용되기를 희망합니다.

2015년 8월

재외동포재단 이사장 조규형

서 문

디아스포라는 유대인이 포로가 되어 강제 이주된 사건에서 유래된 것으로, 거주국을 떠나 타국에 정착하게 된 이주만을 일컫는 것으로, 물리적 공간의 이동을 통해 이질적인 환경에서 그 이질성으로 타자화되고, 소외와 차별의 대상이 되었다. 따라서 이산의 경험을 한 디아스포라는 새로운 집거지에서의 사회, 문화, 언어 등의 적응으로 타자화에서의 탈피를 꿈꾼다. 전통민족문화에 대한 전통성이 현지문화와 가치관으로 완전히 전환되기보다는, 거주국으로의 수용, 동화되면서 전통문화가 새로운 현지문화와의 공존으로 재탄생되고 디아스포라의 삶에 융합해서 남아있게 된다. 따라서 디아스포라는 근대가 낳은 산물로서, 초국가적 이주의 확산으로 인해 타자로서 배제되어왔고, 차별받아왔다.

전 세계의 소수이면서, 가장 많은 화교는 노동이주 등 도피성 해외 이주가 급속히 증가하여 현재 약 6,000여만 명(대만, 홍콩, 마카오 포함)에 이르는 해외화인(華人)들이 동남아를 비롯하여 전 세계에 분포하고 있다. "바다가 닿는 곳이면 화교가 있다"는 말이 있을 만큼, 중국은 세계적으로 가장 많은 디아스포라를 보유하고 있다. 화교의 수가 급격히 증가하기 시작한 것은 그리 먼 과거가 아닌 19세기경 쿨리(苦力)들에 의해서였다. 1862년 미국에서 노예해방이 이루어지자 노동력 부족 현상을 해결하기 위해 중국인을 '수입'하기 시작한 것을 필두로 세계 각국은 흑인 노예의 공급이 불가능해지자 황인 노예를 사들인 것이다. 쿨리(苦力)라는 이름에서 보듯이 다른 나라에 노예로 팔려나간 쿨리들의 고통은 깊이 생각하지 않아도 쉽게 상상할 수 있다. 그러나 제2차 세계대전이 종전되자 화교들은 두각을 나타내기 시작한다. 제2차 세계대전의 종전 이후, 식민지 독립과 함께 동남아시아에 많은 화교자본이 유입되고 이를 통해 화교들이 동남아시아의 경제적 주도권을 잡게 된 것이다. 화인들의 초기 이민은 출신지의 후진성으로 인해 더 나은 일자리 기회를 찾기 위한 국제 노동력의 이주 과정과 맞물려 초국적 이주현상이 나타났고 그 결과 그물처럼 얽혀있던 전 세계의 화교들은 오늘날 거대한 화교사회를 형성해 나갔다.

이러한 화교 디아스포라는 자신들의 민족성을 '차이나타운', '화교학교', '전통축제'를 통해서 나타냈다. 이들의 공간에서 지역, 국가, 세계의 '축제의 공간'으로 창출하면서 자신들의 존재를 드러내고자 했다. 왜냐하면, 해외 화교화인의 전통적인 민속문화는 해외 화교화인이 가장 중시하는 문화적 유산일 뿐만 아니라 기타 민족들이 함께 참여하고 소통하는 하나의 도구였기 때문이다. 화인이 거주하는 공간에는 화교화인의 민속문화 활동이 거행되고 이러한 축제문화는 거주지에서 세계로 뻗어나가고 있다. 그 결과 차이나타운은 디아스포라적 공간으로서 독자적인 로컬리티를 형성해 나가고 있다. 또한, '차이나타운'에서의 축제는 화교 디아스포라의 민족성을 드러낼 뿐만 아니라 후세에게 '민족적 자각'을 심어주는 계기를 제공하는 것은 분명하다.

현재 우리가 살고 있는 인간 사회는 매 순간 새로운 형태의 문화적 질서가 나타나고 있다. 갈수록 더 다양해지고 빈번해지기 때문에 이러한 현상은 전 지구적 시대에 따른 문화적 혼종화의 경향은 피할 수 없는 현실이다. 이러한 시대적 변화는 차이나타운에서 화교 디아스포라의 민족성을 발견할 수 있으며, 동시에 차별과 배제나 동화에서 벗어나 공생의 가능성으로 이어지고 있다. 민족문화와 거주지문화라는 대립적인 틀을 벗어나 다문화적 혼종과 공생의 공간으로 변화하고 있는지도 모른다.

이 책에서는 전 세계로 뻗어나가 다양한 집단을 형성하고 있는 화교 디아스포라의 개념에 대해서 재외 중국인, 화교, 화인 그리고 화교화인의 경험과 현지 사회와의 관계를 모두 포함하는 포괄하는 개념으로 사용하였다.

아시아 특히 일본과 한국에 거주하는 화교화인 디아스포라를 대상으로 그들의 이주 역사를 통한 중국 전통 민속문화 축제의 유지, 계승, 동화, 혼종성, 그리고 다이스포라적 경험 등을 재조명함으로써 민족의 해외이주를 통한 전통 민속문화와 그 정체성 그리고 디아스포라적 삶에서 구현되는 경험과 아이덴티티 등을 재조명함은 유익한 자료가 될 것이다.

이러한 화교 디아스포라의 축제와 혼종성에 대하여 세계한상문화연구단은 한국연구재단으로부터 중점연구소 사업을 지원받아 '동북아 민족분산과 문화영토'라는 주제로 장기 연구프로젝트를 수행하고 있다. 이 책은 총 3단계, 9년에 걸쳐 이루어지는 연구프로젝트이다.

중점연구 1단계 제1차년도 과제는 "근·현대 해외화인의 이주루트와 '기억의 역사'"라는 주제로 동북아 민족 이산자들의 개별적인 월경 경험과 역사적 기억의 회로를 디아스포라의 계보학적 관점에서 지도화하고 그들의 경험과 기억을 재구성하는 데 초점을 두었다.

제2차년도 과제는 "근·현대 해외화인의 공간적 치환과 재영토화"라는 주제로 1년 차에서 연구한 디아스포라 분산에 관한 개인적 기억에 이어, 디아스포라의 공간적 치환 과정에서 경험한 집단적 기억을 재현하며, 거주국에서 어떻게 터를 잡고 재영토화되었는지를 집거지 연구를 통해 조명하였다.

이번 제3차년도 과제는 "근 · 현대 해외화인의 집거지와 문화영토"라는 주제로 동북아 디아스포라의 문화영토(cultural territories)를 탐구하였다. 디아스포라 공동체가 비교적 잘 보존된 지역을 연구 대상으로, 주로 집거지 문화 원자료 기초 조사(구술자료 채록), 디아스포라 민속의 원형과 혼종성 비교, 그리고 문화영토의 관점에서 디아스포라 축제에 나타난 향유와 소통 구조 분석이다. 또한 민속학적 관점에서 축제와 민속문화 자원을 수집하여 해석하는 작업을 진행하였다. 그리하여 이산의 땅에서 디아스포라 공동체의 문화가 어떻게 집단적으로 향유되고 재현되는지에 중점을 두었다.

책의 구성은 크게 다음과 같이 5개의 장으로 이루어진다.

제1장은 연구의 목적, 대상, 연구 방법 등을 간략히 기술하였다. 이어 제2장에서는 화교 디아스포라의 문화영토를 연구하기 위하여 문화정체성, 거주국에서의 동화, 이에 따른 문화적 변용 그리고 거기서 나타나는 화교 디아스포라의 문화적 혼종성에 대한 이론적 고찰을 하였다. 제3장은 이 책의 주요 구성 부분 중의 하나로 집거지인 부산 초량 차이나타운의 화교 디아스포라를 대상으로 초량 차이나타운에서 나타난 화교화인의 문화영토를 살펴보고 집거지에서의 중국 전통문화와 거주국의 문화적 수용에

따른 공동체적 변화를 통해 그들의 문화의 혼종성을 살펴본다. 제4장은 일본 요코하마와 고베 차이나타운의 화교화인을 대상으로 그들의 문화영토에 나타난 전통 민속문화와 축제를 살펴보고 문화적 정체성과 탈정체성에서 나타나는 문화적 혼종성을 살펴본다. 끝으로 제5장은 화교 디아스포라의 문화적 영토에 대한 결과를 개략적으로 요약, 정리한다.

이 연구는 화교 디아스포라의 초국적 이주로 인해 나타난 전통 민속문화와 거주국의 문화적 차별과 수용 과정에서 나타난 그들의 문화영토의 특성을 규명하기 위해 1차 자료에 대한 문헌 연구, 한국과 일본 등의 집거지에서 관련 관계자의 인터뷰, 현지조사 등 심층조사 결과를 활용하여 화교 디아스포라의 문화영토에 대한 연구 결과를 얻을 수 있었다.

마지막으로 이 책이 나오기까지 일본 현지조사와 문헌자료 수집에 도움을 주신 중국화교협회 회장, 대만화교협회 회장, 화교학교 선생님, 복건성협회 회장님 그리고 부산 초량동 차이나타운의 상인회 회장님과 부회장님 등 협력해주신 모든 분들께 깊은 감사를 드린다. 또한 자료 수집과 조사에 많은 시간을 할애해 준 연구단의 보조연구원들에게도 감사를 드린다. 끝으로 이 책을 출간해 주신 북코리아 이찬규 사장님과 편집진 여러분께도 깊은 감사의 말씀을 올린다.

2015년 8월

공동저자 일동

차 례

표 차례

그림 차례

사진 차례

제1장 머리말

1. 연구목적

오늘날 민족의 경제를 가로지르는 대규모의 인구 이동과 탈영토화로 인한 초국가적 공동체 현상이 나타나고 있는 세계화 시대에서 민족 집단 간의 교류, 상호의존은 어쩌면 당연한 것일지도 모른다. 해외로 이주한 이산가족 즉 디아스포라(diaspora)들에게서 모국과 거주국 간의 연결자로서 그 역할이 중요시되고 있기 때문일 것이다. 디아스포라는 민족 이상, 다중정체성 그리고 초국가적 활동으로 대표되는 집단으로서 하나의 역사적, 시대적 현상에 대한 증거로 보아도 무방하다.[1]

"바닷물이 닿는 곳에 화교(華僑)가 있다"라는 말이 있다.[2]

제2차 세계대전 이후 세계 환경의 변화와 중국의 개혁개방으로 해외 이주가 급증하기 시작하여 현재 전 세계 130여 개국에 약 5,000만 명의 해외화교가 분포하고 있다. 이러한 해외화교[3]의 증가와 함께, 국제사회에서 해외화교의 사회적 지위가 향상되었을 뿐만 아니라 차이타나운(china town) 내의 중국 전통민속문화에 대한 관심도 고조되었다. '차이나타운'은 때로는 사회적 공간으로, 때로는 물리적 공간으로 혹은 이 둘의 혼합으로 사용되고 있다. 넓은 의미에서 보면 '중국계 이민, 화교와 화인들이 해외에 건설한 그들의 거리(street) 혹은 소도시'라고 할 수 있다.[4] 세계 최대 규모의 디아스포라인 화교들은 동아시아 및 동남아 ASEAN 국가를 포함한 세계 곳곳에서 중요한 경제역량으로 그 위상을 발산하고 있다.

화교는 해외에 거주하는 중화민족의 혈통으로서 중화성과 장기간 거

1 임채완의 『글로벌코리안네트워크』(2006), Safran과 Cohen의 연구 참고.

2 조세현, "개항기 부산의 청국조계지와 청상(淸商)들", 『동북아문화연구』 제25집, 2010, p. 505.

3 해외화교(chinese diaspora)의 개념을 살펴보면, 화교, 화인, 해외 중국인, 화상, 외적 화인 등이 있으며, 이러한 용어 각각의 언어적 경계는 다소 차이가 있지만 중화민족의 혈통을 계승한다는 의미에서 이 책에서는 포괄적인 의미로 사용한다.

4 공지영, "동아시아 해항도시의 이문화 공간 형성과 변용—부산 초량동 "차이나타운"을 사례로", 『석당논총』 제50집, 2011, p. 624.

주국의 정치 · 문화 · 경제 등 다방면의 분야를 화교에 맞게 수용하고 전환시키는 현지성 그리고 중화성과 현지성에 기초한 국제성을 가지고 있기 때문에 중국과 거주국 관계에서 교량 역할을 하고 있다. 특히 해외화인의 전통 민속문화는 거주국과의 문화교류의 매개체가 될 뿐만 아니라 모국인 중국과 거주국 간의 유대관계를 형성하는 데 유기적인 역할을 수행하므로 중요한 의의를 갖는다. 韩山元은 "화인의 전통 민속문화야말로 화인사회를 지탱시켜 온 힘이다. 비록 근간이라고 할 수 없지만 화인사회의 형성과 발전 과정에 없어선 안 될 한 부분이다"[5]라고 하여 전통문화의 중요성을 강조하였다. 사실 일국의 전통문화는 민족의 역사와 밀접한 연관성을 갖기 때문에 한 민족의 역사문화의 과거와 미래를 단적으로 보여주는 문화의 창이라 할 수 있을 것이다. 이러한 문화는 운송수단과 디지털 기술의 발달로 변화하였고 글로벌화가 가속화될수록 문화의 확산은 더욱 가속화될 수밖에 없다. 해외화교의 문화도 중화문화의 일부분으로서, 중국인의 초국적 이동과 함께 해외로 이전되고 전파되었음을 알 수 있다.

오랜 이주역사를 가진 일본 화교사회는 현재 내부적으로는 2, 3세대로 세대교체가 진행되고 있어 화교사회를 선도하고 있으면서 민족 언어인 중국어와 중국 전통문화에 대해 관심을 가지지 않는 젊은 세대에게 중화의식을 어떻게 확립시키느냐가 새로운 과제로 부상했다. 외부적으로는 중국 경제발전과 더불어 중국문화에 대해 일본인의 관심이 고조되면서 화교문화의 부흥이 활발하게 이루어지고 있으며, 또한 이러한 관심을 바탕으로 중국의 전통 민속문화에 대한 가치를 재발견하고 계승하려는 움직임이 나타나고 있으며, 이는 자신의 문화를 보존하고 계승하기 위한 원초적인 행위이다. 특히 여러 민족들이 혼거하는 초국적 시대에는 이러한 문화적 정체성의 표현을 통해서 민족집단 내부에 대한 일체감과 소속감을 발생시

5 『聯合早報』, 2007年 2月 20日.

킬 수 있기 때문에 전통민속문화는 문화적 정체성을 발현할 수 있는 중요한 척도가 된다.[6]

한국화교들은 경제적 사회적으로 위축되어 심지어 제도적 측면에서도 상당한 규제를 받았다. 또한 거주국 국적 또는 중국 국적을 소유한 여타 국가 화교들과는 달리 한국화교 대부분의 국적은 대만, 거주는 한국, 고향은 중국이란 특수성이 존재한다. 이러한 점에서 해외화교 디아스포라의 문화영토를 탐구하기 위해서 거주지에서 전통 민속문화 생활과 다양한 공동체에서의 축제 문화를 분석하여 디아스포라 공동체의 문화가 어떻게 재현되고 유지되는지 규명하고자 한다.

이 책에서 다루고자 하는 연구내용은 크게 세 가지로 나눌 수 있다.

첫째, 해외화교의 전통 민속문화 및 놀이가 거주국사회에서 어떻게 유지 · 지속 · 향유 · 재현되는지는 살펴볼 필요가 있다. 이러한 분석을 통해서 모국과 거주국에서 해외화교 디아스포라의 정체성이 어떻게 형성되어 변화되는지 이해할 수 있을 것이다.

둘째, 모국을 떠나 타국에서 살아가는 디아스포라에게 전통문화와 축제는 탈영토화된 디아스포라에게 있어서 모국에 대한 그리움, 향수를 의미한다. 또한 거주국에서 겪는 문화적 · 경제적 · 사회적 경계를 딛고 함께 어울리고자 하는 공동체적 의식이라고 볼 수 있다. 따라서 해외화교 디아스포라가 모국을 떠나 타국으로 이주하면서 겪는 문화적 차이와 적응과정에서의 경험 그리고 새로운 문화영토에서 살아가면서 구축한 축제의 장을 살펴보면서 그 디아스포라의 정체성을 이해할 수 있을 것이다.

셋째, 화교 디아스포라는 소수 이민자로서 이산의 땅에서 새로운 사회적 문화적 가치를 적응 · 수용하는 과정에서 중국인으로서 지니는 가치관과 문화적 차이가 어떻게 변화하고 적응하는지를 살펴볼 것이다. 또한 디

6 윤성민, "일본화교의 문화정체성 변화에 관한 연구", 한국평화연구학회 학술회의 발표논문, 2013, p. 356

아스포라 공동체의 중국전통 민속문화와 집거지의 문화적 수용과정에서의 공동체 문화의 혼종성이 어떻게 집단적으로 향유되고 재현되는지를 분석할 것이다.

2. 연구대상 및 방법

1) 연구대상

이 책에서 다루고자 하는 연구대상은 부산 차이나타운에서 거주하고 있는 화교화인, 일본 요코하마에서 거주하고 있는 해외화교 · 화인들이다. 특히 이들의 집거지에서 형성되어 발현되고 있는 전통 민속문화 및 축제놀이에서 나타나는 현상과 변화를 통하여 문화적 혼종성에 따른 문화변용을 살펴볼 것이다. 이 책의 주요 연구대상은 〈표 1.1〉과 같다.

특히 부산 화교화인과 일본 화교화인의 전통 민속문화와 축제놀이에 대한 정체성의 변화를 살펴보기 위해 설문조사를 실시하였다.

표 1.1 주요 연구대상

구분	연구 대상
부산 화교화인	• 부산 초량 차이나타운의 상해거리 • 차이나타운 내의 화교화인의 전통 민속놀이 · 문화 / 거주국의 전통 민속놀이 및 문화 / 축제
일본 화교화인	• 요코하마, 고베 차이나타운 • 요코하마 차이나타운 내 화교화인의 전통 민속놀이 · 문화 / 거주국의 전통 민속놀이 · 문화 / 축제

(1) 부산 차이나타운의 화교화인

이 책에서는 부산 초량동 차이나타운에 거주하거나 활동하고 있는 화교화인들을 대상으로 설문조사를 실시했다. 설문조사 기간은 2013년 2월 21일부터 2월 24일까지 진행하였으며 총 117부를 수집하여 분석하였다. 조사 대상자의 인구사회학적 특성을 살펴보면 아래 〈표 1.2〉와 같다.

성별을 보면, 여성이 45.6%(52명)로 남성 54.4%(62명)에 비해 적었다. 이는 부산 초량 차이나타운 특구에서 경제활동을 하는 인구 구성과 유사한 특성을 보여준다. 연령을 보면, 20대 화교가 60.5%로 가장 많았으며, 30대(23.4%), 40대(9.8%), 50대(4.5%), 60대 이상(1.8%) 순이었다. 학력을 보면, 4년제 대학을 졸업한 사람이 36.8%로 가장 많았으며, 고등학교 졸업이 24.6%, 전문대학 졸업자가 14%, 초등학교 졸업자가 9.6%, 중학교 졸업자가 5.3% 순으로 나타났다.

조사 대상자의 출생지를 보면, 산동 연태가 100%로 나타났다. 결혼 여부를 보면, 미혼자가 70.8%이며, 기혼자는 18.6% 그리고 기타가 9.8%였다.

직업을 보면, 대학생이 63.2%로 가장 많았으며, 자영업이 12.3%, 판매서비스업이 7.9%, 건설노무가 3.5%, 사무전문직이 1.8%, 기타가 11.5%로 나타났다. 소득을 보면, 10만 위안(한화 약 1천 8백만 원) 미만이 90.3%로 가장 많았으며, 10만 위안 이상이 9.7%로 나타났다. 조사 대상자의 이주 동기를 보면, 현지 출생(7명)을 제외하고, 가족이나 자녀교육이 40.6%, 가족 동반이주가 22.6%, 취업 및 직장이 10.4%, 결혼 그리고 기타 순으로 나타났다. 부산 차이나타운에서의 체류기간은 10년 이하가 92.8%(105명)로 가장 많았으며, 30년 이하 4명(3.6%), 40년 이하 2명(1.8%), 그리고 20년 이하, 50년 이하 및 51년 이상이 각각 1명(0.9%)으로 나타났다. 이러한 사실로 보았을 때 2000년대 초반 이후 부산으로의 본격적인 이주가 이루어진 것으로 확인할 수 있다. 법적 지위를 살펴보면, 정주권자가 24명(21.1%), 영주권자가 21명(18.4%) 그리고 국적 취득자가 18명(15.8%) 순이었고 기타가 44.7%로 나타났다.

표 1.2 조사 대상자의 인구사회학적 특성(N=114)

특성		N (명)	백분율 (%)	특성		N (명)	백분율 (%)
성별	남성	62	54.4	소득	10만 위안 미만	103	90.3
	여성	52	45.6		10만 위안 이상	11	9.7
연령	20대	69	60.5	법적 지위	국적취득자	18	15.8
	30대	27	23.4		영주권자	21	18.4
	40대	11	9.8		정주권자	24	21.1
	50대	5	4.5		기타	51	44.7
	60대 이상	2	1.8	이주 동기	가족 동반	24	22.6
학력	초등학교	11	9.6		교육	43	40.6
	중학교	6	5.3		취업 및 직장	11	10.4
	고등학교	28	24.6		결혼	3	2.8
	전문대학	16	14.0		현지 출생	7	6.6
	4년제 대학	42	36.8		기타	26	17.0
	대학원	10	8.8	출생지	산동연태	114	100
	무학	1	0.9		기타	-	-
직업	대학생	72	63.2	체류 기간	10년 이하	105	92.8
	자영업	14	12.3		20년 이하	1	0.9
	판매서비스	9	7.9		30년 이하	4	3.6
	건설노무	4	3.5		40년 이하	2	1.8
	사무전문	2	1.8		50년 이하	1	0.9
	기타	13	11.5		51년 이상	1	0.9
결혼 여부	기혼	22	18.6				
	미혼	80	70.8				
	기타	34	9.8				

표 1.3 조사 대상자의 인구사회학적 특성

대상	성별	직업	국적	세대	출생지	주요활동
곡ㅇ정	남	자영업	대만	2	한국	초량 상가번영회 회장
곡ㅇ지	여	학생	대만	3	한국	-
의ㅇ주	남	자영업	대만	2	한국	-
공ㅇ부	남	자영업	대만	2	한국	-

요컨대, 부산 지역 화교의 이주 현상은 한중 수교 이후 중국인의 인구 이동이 연안지역과 대도시로 집중적으로 이주하였으며 그 이유로는 교육적 목적에서 이루어졌다는 것으로 이해된다.

또한 부산 초량동 차이나타운의 면담조사를 실시하였다. 이번 면담조사의 목적은 중국문화의 유지, 한국문화와 사회로의 동화 그리고 사회문화적 혼종성을 살펴보기 위함이다.

한국에서 태어난 화교 2세 3명과 화교 3세 1명으로 구성되며, 태생별로 보면 모두 한국에서 태어났다. 성별은 여성이 1명이고 3명의 남성으로 남성의 비율이 비교적 높은 편이다. 직업 면에서 보면 초량 차이나타운 특구에서 자영업을 하는 3명과 1명의 학생으로 이미 한국에서 태어나 한국의 문화와 가정에서 중국문화를 지키고 실천해왔기 때문에 두 가지 문화의 동화 혹은 통합적인 경향이 보인다. 또한 이들은 차이나타운에서 거주하며 매년 차이나타운 특구 축제에 참석하면서 비교적 중국의 전통문화에 대한 관심을 가지고 있는 부류들로 중국 전통문화를 지키고 계승해오고 있다.

(2) 일본 요코하마 차이나타운의 화교화인

이 책에서는 일본 요코하마에 거주하고 있는 화교화인을 대상으로 설문조사를 실시했다. 설문조사 기간은 2013년 2월 13일부터 20일까지 일주일 정도 진행되었으며 총 182부를 수집하였으며, 그중에서 147부만을 분석하였다. 조사 대상자의 인구사회학적 특성을 살펴보면 다음과 같다.

표 1.4 조사 대상자의 인구사회학적 특성(N=147)

특성		N (명)	백분율 (%)
성별	남성	78	53.1
	여성	69	46.9
연령	10대	3	2.0
	20대	54	36.8
	30대	50	34
	40대	32	21.8
	50대	8	5.4
학력	초등학교	4	2.7
	중학교	29	19.7
	고등학교	53	36.1
	전문대학	36	24.5
	4년제 대학	21	14.3
	대학원	3	2.0
	무학	1	0.7
결혼 여부	기혼	116	78.9
	미혼	29	19.7
	이혼	2	1.4
세대	1세대	69	46.9
	2세대	43	29.3
	3세대	20	13.6
	4세대	15	10.2

특성		N (명)	백분율 (%)
직업	대학생	19	12.9
	자영업	11	7.5
	판매서비스	19	12.9
	건설노무	38	25.8
	사무전문	8	5.4
	가사노동	25	17.0
	기타	27	18.4
이주 동기	가족 동반	47	32.0
	교육	12	8.2
	취업 및 직장	55	37.4
	결혼	10	6.8
	현지 출생	1	0.7
	기타	22	15.0
체류 기간	10년 이하	62	74.1
	20년 이하	31	21.1
	30년 이하	6	4.2
	40년 이하	-	-
	50년 이하	1	0.7
법적 지위	국적취득자	4	2.7
	영주자	42	28.6
	정주자	32	21.8
	기타	69	46.9

성별을 보면 남성이 78명(53.1%)으로 가장 많았으며 여성은 69명(46.9%)으로 나타났다. 연령을 보면, 20대가 54명(36.8%)으로 가장 많았으며, 30대가 50명(34%), 40대가 32명(21.8%), 50대가 8명(5.4%) 순이었다. 학력을 보면, 고등학교 졸업이 53명(36.1%)으로 가장 많았으며, 전문대학이 36명(24.5%), 중학교 졸업이 29명(19.7%), 4년제 대학이 21명(14.3%), 초등학교가 4명(2.7%), 대학원이 3명(2%), 무학이 1명(0.7%) 순으로 나타났다. 결혼 여부를 보면, 기혼자가 116명(78.9%)이 가장 많았고, 미혼자가 29명(19.7%), 이혼이 2명(1.4%)이었다. 세대별로 보면 1세대가 69명(46.9%)으로 대다수를 차지했고, 2세대가 43명(29.3%), 3세대가 20명(13.6%), 4세대가 15명(10.2%)으로 나타났다. 직업을 보면, 건설노무가 38명(25.8%)으로 가장 많았으며, 가사노무가 25명(17%), 대학생과 판매서비스가 각각 19명(12.9%), 사무전문직이 8명(5.4%) 그리고 기타로 27명(18.4%)이었다. 일본 요코하마로의 이주 동기를 보면, 취업 및 직장이 55명(37.4%)으로 가장 많았으며, 가족 동반 이주가 47명(32%), 결혼이 10명(6.8%), 현지 출생이 1명(0.7%) 그리고 기타가 22명(15%) 순이었다. 체류기간을 보면, 10년 이하가 62명(74.1%)으로 가장 많았으며, 20년 이하가 31명(21.1%), 30년 이하가 6명(4.2%) 그리고 50년 이하가 1명(0.7%) 순이었다.

또한, 2013년 2월 13일부터 20일까지 일본 요코하마와 고베 차이나타운에서 면담조사를 실시했다. 이번 면담조사의 목적은 일본 차이나타운에서 전통 민속문화를 유지, 일본문화와 사회로의 동화, 일본화교의 사회문화적 정체성의 변화 등을 살펴보기 위함이다. 우선 요코하마 화교협회 회장의 주선으로 협회 부회장 그리고 화교학교의 선생님 및 관련 일본화교 관련 면담 가능한 명단을 추천받았다. 이들 모두 요코하마 차이나타운에 거주하고 있었기 때문에 차이나타운 내에서 면담이 이뤄졌으며, 다음은 면담의 참여자의 일반적인 특성이다.

표 1.5 조사 대상자의 인구사회학적 특성

대상	성별	직업	국적	세대	고향	주요활동
羅先生	남	자영업	대만	3	일본	대만화교협회 부회장
李先生	남	자영업	일본	3	일본	차이나타운에서 자영업
謝先生	남	자영업	중국	3	일본	중국화교협회 회장
張先生	남	화교학교 교사	중국	1	중국	중국화교학교 교육부장
黃先生	여	화교학교 교사	중국	1	대만	대만화교학교 주임
陳先生	남	자영업	일본	1	중국	복건성경제문화추진회 회장

일본에서 태어난 화교 3세 3명, 일본으로 귀화한 화교 1세 1명, 취업과 결혼으로 중국으로 이주한 화교 1세 2명으로 구성된다. 태생별로 보면 일본에서 태어난 사람은 3명이고 대만에서 출생한 사람은 1명이고 나머지는 중국에서 태어났다. 성별은 여성이 1명이고 5명의 남성으로 남성의 비율이 비교적 높은 편이다. 직업 면에서 보면 화교학교(대만과 중국) 교사인 2명을 제외하고 나머지는 차이나타운의 중화거리에 음식점을 체인점 형식으로 운영하고 있어서 경제적으로는 풍요로운 생활을 하고 있었다. 대부분은 화교협회 관련 인사 혹은 화교학교와 관련된 인사로 구성되어 있어서 비교적 중국의 전통문화에 대한 관심을 가지고 있는 부류들로 중국 전통문화를 지키고 계승하는 데 주도적인 역할을 해 온 사람들이다.

2) 연구방법

이 책의 연구목적을 달성하기 위하여 다음과 같은 연구방법을 사용하였다.

첫째, 문헌연구이다. 해외화교 디아스포라의 전통 민속문화 및 축제에 대한 도서, 논문, 사진 등을 수집·발굴하여 디아스포라의 문화영토의 특성을 규정하고자 기초연구자료로 활용하였다.

둘째, 현지조사 연구방법으로 일본의 요코하마 및 고베 차이나타운 그리고 한국 부산의 차이나타운을 방문하여 민속문화 자료를 수집하였다.

셋째, 구술사 연구방법으로 화교화인의 집거지를 방문하여 해외 디아스포라의 정체성 및 전통 민속문화에 대한 조사를 시행하였다.

이 책은 근·현대 해외 화교화인의 문화영토적 특성을 규정하기 위해 거주지에서 유지되고 구현되는 전통 민속문화의 현상을 살펴보고, 거주국 사회에서 디아스포라의 문화적 변용과 사회문화적 혼종성이 어떻게 나타나는지를 중심으로 살펴보고자 한다.

이 책은 총 다섯 개의 장으로 구성되어 있다.

제1장은 이 책의 목적과 연구내용, 연구대상 그리고 연구방법에 대해 상세히 기술하였다.

제2장은 화교화인 디아스포라의 문화영토를 연구하기 위하여 문화적 정체성과 이의 혼종성에 대한 이론적 검토를 하였다.

제3장은 부산 초량 차이나타운의 화교화인을 대상으로 전통 민속문화 및 축제를 살펴보고 거주국에서 공동체적 전통문화의 혼종성이 어떻게 나타나는지 기술하였다.

제4장은 일본 요코하마와 고베에 거주하는 화교화인을 대상으로 전통 민속문화와 축제에 대해 살펴보고 문화적, 사회적 혼종성의 현상을 기술하였다.

제5장은 화교화인 디아스포라의 문화영토에 대한 주요 내용을 요약하고, 연구의 한계 및 향후 연구과제에 대해 간략하게 기술하였다.

제2장 이론적 배경

1. 디아스포라의 정체성

1) 정체성

정체성은 개인이나 집단의 존재를 주변 세계와의 연관 속에서 규정하고 설명하는 일과 관련된 용어로,[1] '변화의 상이성으로부터 구별되는 동일성'이며 '다양한 실례들 속에 있는 본질적이나 포괄적인 성격의 동일성이고, 인성의 단일성과 연속성'이라고 정의할 수 있다.[2] 에릭 에릭슨(Erick Erikson)은 자아외부의 변화에 직면하여 이루어지는 자아의 적응을 정체성으로 정의하였으며,[3] Hall(1992)은 문화체계 속에서 구현되고 다른 문화를 통해서 형성되고 변화하는 것이라고 정의하였다.[4] Banks(2006)는 다양한 문화 집단에 속해 있으면서 다양한 문화정체성을 갖고 있다고 했다. 이러한 점에서 문화정체성이란 자신이 속해 있는 문화적 집단과의 연관성 속에서 이해되는 개인의 주관적인 자아개념으로 보고 있다. '주관적'인 성격적 특성을 갖지만 객관적 특성도 고려해야 한다. 즉 정체성에 대한 인식은 객관적 사실과 더불어 경험적, 체험적 현상에 근거해서 이루어지기 때문이다.

E. Goffman(1967), J. Habermas(1969) 등의 사회학자들은 자아정체성을 개인적 정체성, 사회적 정체성으로 나누었으며, 개인적 정체성이란 자아에 대한 스스로의 평가로 보았고 사회적 정체성은 자아가 속한 사회집단(학교나 지역, 민족 등)에 대한 소속감으로 보았다. 이러한 측면에서 본다면, 민

---

1 정영훈, "민족정체성, 그리고 한민족의 민족 정체성", 『민족학연구』 제9권, 2010, p. 3.

2 임채완·김경학, "중국 연변 조선족의 민족정체성 조사연구", 대한정치학회보 제10권 제1호, 2000, pp. 247-273 참고.

3 Erick Erikson, "Identity and Upcootedess in Our Time", *Insight and Responsibility*, Notton Press, pp. 82-107.

4 Stuart Hall, "The Question of Cultural Identity". Modernity and Its Futures. S. Hall, D. Held and T. McGrew. Cambridge, Polity Press. 1992, pp. 273-325 참고.

족 정체성은 민족적 고유 특성으로 특정 집단에서 느끼는 소속감(a sense of belonging)이라고 할 수 있다.[5] 즉 민족정체성은 사회인식과 민족 특성을 가지고 있다. 민족 특성은 종족 · 혈통이나 언어, 종교, 생활방식 등의 문화 같은 지표들로 구성되어 있고 사회 인식은 개개인들의 소속 의식으로 나타난다. 민족특성에 있어서 언어가 특별히 중요한 역할을 하고 있다. 왜냐하면 언어 공동체는 정서와 사고체계 전반에 영향을 미치는 정서 공동체이며 역사 공동체이기 때문이다. 따라서 화교의 정체성을 개인적 정체성보다는 집단적인 관점에서 사회적 정체성을 보고 있다.[6]

임봉길(1994)은 단일 민족 국가에서 민족 정체성(Ethnic Identity)과 국민 정체성(National Identity)은 같은 의미를 가질 수도 있지만 다민족국가에서는 그 의미가 서로 다르게 나타난다고 했다. 어느 국가의 국민이라는 의식을 갖고 있는 동시에 또한 민족 집단의 일원이라는 민족 정체성을 지니게 되므로, 동질감 혹은 동질성(Identification)을 바탕으로 성립되는 정체성은 또한 타 집단의 동질성에 대하여 차이성 혹은 이질성을 갖는다고 보고 있다.

민족 정체성은 다른 민족과의 차이점을 부각시키는 대신에 같은 민족으로 상정된 집단에 대해 동질적인 특성, 즉 동질성을 강조하는 경향이 짙다.[7] 따라서 민족정체성을 강조하다 보면 타민족과의 결혼도 부정하는 현상이 나타나지만 세계화와 다문화사회가 형성되면서 민족적 융합도 확대되고 있는 추세이다.

---

5 윤인진, "중앙아시아 한인의 언어와 민족정체성", 『재외한인연구』 제7권, 1997, p. 16 재인용.

6 인닝, "한국화교의 정체성연구: 부산지역 화교사회에 대한 설문조사를 중심으로" 부경대학교 석사학위논문, 2008, p. 4.

7 정영훈, 전게 논문, p. 6.

2) 전통문화와 문화정체성

글로벌화가 진전됨에 따라 경제활동을 중심으로 한 문화의 이전, 수용, 접변, 확산 등 활동이 더욱 가속화되고 있다. 이러한 문화의 급변으로 통일화하는 현상이 가속화되면서 문화의 혼종성 또한 복잡·다양하게 형성되고 있고, 더불어 제한된 시공간에서 개인 및 민족집단의 정체성 문제를 야기시키기도 한다.[8]

문화는 인간의 의식과 생활양식 등의 총체를 의미하는 포괄적인 개념으로 사용되어 왔으며 특히 한 민족이나 국가의 특성을 지칭하는 민족문화를 의미하는 것으로 통용되어 왔다. 또한 문화는 상대적인 자율성을 가지고 있기 때문에 다른 문화와 교류하면서 부분적인 선택과 흡수, 융합 그리고 배척 등 다양하고 복합적인 양상을 보인다.[9] 문화다양성협약(Convention on the Protection of the Diversity of Cultural Contents)[10] 제4조 2항에서도 '문화적 내용'을 '문화적 정체성으로부터 표현되는 상징적 의미, 예술적 측면 그리고 문화적 가치'로 인정하고 있기 때문에 '문화'의 정의는 상당히 포괄적이라고 언급하고 있다. 세계화가 진행되면서 문화의 영역은 민족이나 국가에서 세계 전체를 포괄하는 개념으로 확대되고 있으며, 이러한 현상은 경제의 세계화에서 초월해 문화와 정보교류 등에 의해 국가 간 지역 간 상이한 문화의 확장으로 이어졌다.[11] 이와 같이 세계화와 정보화의 진전으로 국제적인 문화교류가 활성화되고 세계문화가 등장하면서 지속적으로 확산되

---

8 현택수, "세계화 시대의 문화 정체성", 2007년 아시아 문화정책 심포지움, 문화관광부 한국문화관광연구원, p. 17.

9 이윤희, "문화정체성 확립을 위한 연구", 한국사상과 문화, 한국사상문화학회 제51집, p. 316.

10 정식 명칭은 '문화콘텐츠와 예술적 표현의 다양성 보호를 위한 협약'으로 1995년 세계무역기구(WTO) 출범 이후 다자간투자협정(MAI)이 문화와 같은 비무역적인 문제를 해결할 수 없다는 인식에서 논의되었다. 이후 세계문화부장관회의(INCP)와 문화다양성연대(CCD)·문화다양성국제연대(INCD) 같은 국제비정부기구(NGO)가 차례로 결성되었다. 2001년 11월 세계 각국의 문화적 다양성을 인정하는 국제협약으로 프랑스 파리에서 '세계 문화다양성 선언'이 채택되었다.

11 윤성민, 전게 논문, pp. 357-358.

고 있다고 했다. 하지만 기본적으로 문화는 정체성을 부여하는 데 그 일차적 의미가 있다고 하였다.[12]

문화 정체성과 관련해서 Redifield & Herskovits(1936)는 문화적으로 근원이 다른 사람 간의 지속적, 직접적인 접촉에 따라 나타나는 변화이고 그 결과 문화에 변화가 일어나는 것이라고 문화적응을 정의하였고, 이러한 점에서 본다면 문화 정체성이란 형성되고 변화하는 상징적인 체계라고 볼 수 있다. 따라서 이러한 개념은 민족과 국가란 개념과는 불가분의 연관성을 갖고 있으며 세계화가 진행됨에 따라 민족 정체성 개념이 혼돈을 겪고 있다.[13]

홀(Hall, S.)에 따르면 다음과 같다.

> '문화 정체성'은 (…) 하나의 역사와 조상을 공유하는 문화, 즉 일종의 집합적인 '하나의 진짜 자기'라는 것[이다.] (…) 이런 정의 안에는 우리의 문화정체성들은 사람들의 표면적인 차이와 역사적인 변화의 밑바탕에 있는 것으로, 우리에게 지시와 의미의 안정적이고 불변하며 연속적인 틀을 '하나의 민중'으로 제공하는, 문화적 코드와 공동의 역사적 경험을 반영한다고 본다.[14]

2. 디아스포라의 현지화와 문화변용

다문화사회로 변화할수록 문화적 다양성에 대한 인정과 수용 자세가 필요하다. 특히 지금과 같이 세계화가 국제적 추세인 상황에서 더욱 그러

---

12 변청자, "한국문화정책과 문화정체성의 문제", 홍익대학교 대학원 석사논문, 2003, pp. 16-29.

13 윤성민, 전게 논문, p. 358.

14 S. Hall. "*Cultural Identity and Diaspora*". edited by J. Rutherford. *Identity, Community, Culture, Difference*, London: Lawrence & Wishart, 1990. p. 223; 김세원. "혼종성과 문화정체성에 관한 소고". 『철학과 문화』 제28집, 2014. p140 재인용.

하다. 과거 자국 중심의 문화계승은 그 의미가 점차 퇴색되고 있고 다양한 문화의 접촉과 변용, 즉 문화접변이 현재 중요한 이슈가 되고 있다. 여기서 문화접변은 '한 개인이 어떤 다른 문화를 접할 때 그에게 일어나는 문화적 변화와 적응의 과정' 혹은 '문화적으로 상이한 배경을 지닌 이주민이 새로운 문화와 지속적으로 접촉함에 따라 생겨난 변화'라고 정의된다. 따라서 문화적 수용에 따라 문화적 환경과 상호 조화를 이루어 가려는 과정이라고 할 수 있다.[15]

(1) 동화론(Assimilation Theory)

사회적 동화를 어떤 개인과 집단이 다른 개인과 집단의 기억, 감정 및 태도를 습득하고 그들의 경험과 역사를 공유함으로써 공통된 문화생활 속에 통합되고 융합되어 가는 과정이라고 Park and Burgess는 정의하였다. (Qian, 2001) 즉 접촉(contact), 경쟁(competition), 수용(accommodation), 동화(assimilation)의 4단계로 설명하였다. 첫 번째 접촉단계는 서로 다른 인종이나 민족끼리 동일한 시공간에서 접촉하며, 두 번째 경쟁단계는 유한한 자원을 선점하는 과정에서 민족 간의 경쟁 그리고 세 번째 수용단계는 접촉과 경쟁에서 공존의 방식을 모색하게 되며 마지막으로 동화의 단계를 거치게 된다고 밝혔다. 이와 관련해서 Gordon(1964)은 동화의 단계를 7단계 동화론으로 체계화하였다. 즉 문화적 동화, 구조적 동화, 혼인적 동화, 정체적 동화, 태도수용적 동화, 행동수용적 동화, 시민적 동화를 거치게 된다고 주장하였다. 구조적 동화의 단계를 통과하게 되면 이후의 동화단계는 큰 어려움이 없이 진행된다고 보았다. 구조적 동화과정에는 정착사회의 제도와 조직에 참여하고 다수집단 성원들과 친분관계를 맺는 것 등을 포함하고 있다. 예를 들어 직업을 통해 경제적 기반을 마련하는 것은 적응의 기

---

15 김렬, "결혼이주여성의 문화접변에 대한 정책지원의 효과", 한국정책과학학회보 제15권 제4호, 2011, p. 288.

본 전제조건이다. 그리고 정착사회의 정식구성원으로서 차별대우를 받지 않고 다수집단 성원들과 친밀한 일차적 관계를 맺게 되면 적응은 성공적으로 진행되었다고 볼 수 있다. 끝으로 새로운 사회에 소속감을 갖게 되어 사회의 다른 구성원들과 태도적 일체감을 갖는 것은 적응의 완성단계라고 한다.[16]

(2) 분절 동화론(Segmented Assimilation Theory)

Portes and Zhou(1993)는 이민자들이 택할 수 있는 동화과정을 제시하였다. 첫째는 주류사회로의 상향적 동화이다. 이민자가 거주국 주류사회의 언어, 사회, 문화에 동화됨으로써 이민자는 신분이 상승되고 중산층으로 진입할 수 있다. 둘째는 하향적 동화로 거주국 주류사회에의 동화에 실패하고 거주국 하층 사회로 동화하는 것이다. 이 경우 제2세도 기존 사회에 반항하는 가치관과 행동양식을 갖게 되면서 주류사회에 편입되지 못한 채 하층사회에 머물게 된다. 셋째 주류사회로의 일방적인 동화를 지양하고 거주국 주류사회와는 독립적으로 자신의 민족문화와 정체성을 유지하고 동족 성원 간의 유대와 연결망을 활용하여 사회 경제적 신분 상승을 꾀하는 것이다. 분절 동화론은 다수집단과 소수집단의 관계를 동화가 아니면 분리라는 이분적인 구분을 해온 기존 동화론을 보완하여 동화와 분리의 중간 단계에 해당하는 소수 집단의 대안적인 적응 방식을 파악하게 한다는 점에서 이론적 기여를 하였다.[17]

(3) 다원론(Pluralism)

Abramson(1980)은 다원론을 '지속적인 민족적 차이와 이질성(sustained ethnic differentiation and continued heterogeneity)을 발생시키는 조건'으로 단순하게

---

16 이종우, "한국화교의 현지화에 관한 연구-부산 거주 화교를 중심으로", 동아대학교 동북아국제대학원 박사학위논문, 2007, pp. 8-9

17 윤인진, 전게 논문, p. 35.

정의한 바 있다. 이러한 다원론에는 문화적 다원론(cultural pluralism)과 구조적 다원론(structural pluralism)이라는 두 개의 영역이 있다. 문화적 다원론은 하나의 경제적 · 정치적 체계 내에 두 개 이상의 별개의 문화가 조화롭게 공존하는 것을 의미한다. 구조적 다원론은 인종적 · 민족적으로 다른 두 개 이상의 문화가 자신만의 지리적으로 분리된 공동체를 형성하고 공존하는 것을 의미한다.각 공동체는 자신들만의 종교, 학교, 사업체 등 시설을 보유하게 된다.

Marger(1994)는 다원론을 다시 평등적 다원론과 불평등적 다원론으로 구분한다. 평등적 다원론에서는 인종적 · 민족적 집단들이 문화적 · 구조적 자치권을 유지할 뿐만 아니라 정치적 · 경제적 권력에서도 평등한 위치를 차지한다. 평등적 다원론에서는 인종 간, 민족 간 분리가 자발적으로 일어난다. 평등적 다원론은 다시 문화적 다원론과 조합주의적 다원론으로 구분된다. 문화적 다원론에서는 한 집단이 자발적으로 자신들의 문화적 정체성을 유지한다. Marger는 미국을 한 인종적 · 민족적 집단이 여러 세대에 걸쳐 자신들의 문화를 유지하여 온 문화적 다원사회의 예로 들고 있다. 그러나 Marger도 미국이 동등한 기회의 이데올로기를 표방하고 있지만 사실상은 모든 인종집단이 기회균등을 보장받지 못한다는 점을 인정하고 있다.[18]

(4) 문화 변용론(AcculturationTheory)

문화변용(acculturation)이란 '문화적 배경이 다른 개인 간에 지속적이고 직접적인 접촉이 이루어지면서 그 결과로 개인의 생활에 일어나는 변화의 과정으로 정의되고 있다(Gault, 2005, p. 14). 동화와 같은 의미로 사용되는 경우도 있었으나, Berry(1992)는 거주국의 주류사회와 접촉할 때 발생하는 쌍

18 이종우, 전게 논문, pp. 11-12.

방향적 영향과 변화로 정의하고 있으며, Gordon(1964)은 문화변용을 새로운 사회의 문화를 지향하는 소수 집단의 소폭적 조정으로 보면서 문화변용을 완전한 동화로 이행하는 과정의 일차적 단계로 파악하고 있다.

베리(Berry, 1997)는 다인종, 다민족사회에서 소수민족집단과 주류집단 간에 "서로 다른 인종 문화적 집단의 사람들이 장기간의 접촉을 하여 발생하는 모든 변화의 과정"에 대해 "문화 변용"으로 정의했다. 그는 문화변용을 3단계로 구분하여 제시했다. 즉 제1단계는 접촉단계로서 서로 다른 2개의 문화가 만나는 초기 단계이다. 제2단계는 갈등단계로서 이민자들을 수용하는 주류사회가 이민자들에게 변화의 압력을 가하는 단계이다. 이때 이민자들은 모국사회와 거주국사회의 문화정체성 사이에서 어느 쪽을 선택해야 하는 정체성의 혼란을 경험한다. 제3단계는 해결단계로서 문화변용의 특정한 전략을 사용해서 정체성의 혼란을 극복하는 단계이다.

문화변용은 상호적으로 영향을 미치는 단계에서 네 개의 경로로 발전해나갈 수 있다고 보며, 자신의 문화적 전통을 유지하면서도 주류 문화와의 접촉을 유지하는 '통합'(integration), 자신의 문화적 전통을 포기하고 주류문화로 흡수되는 '동화'(assimilation), 자신의 문화적 전통을 고집하면서 주류문화와의 접촉을 피하는 '고립'(separation), 전통적인 자신의 문화와도 멀어지고 주류 문화와도 멀어지는 '주변화'(marginalization)이다.[19] 첫째, 통합(intergration)은 소수민족 이민자들이 거주국의 주류사회에 활발히 참여하면서도 자신들의 고유한 전통과 문화를 유지하는 경우이다. 동화(assimilation)는 이민자들이 주류사회에 활발히 참여하는 과정에 자신들의 고유한 문화와 정체성을 상실하여 주류집단에 흡수되는 경우이다. 고립(isolation)은 이민자들이 사회참여를 활발하게 하지 않으면서 자신들의 문화정체성을 강하게 유지하려고 하는 경우로서 이들은 보통 차이나타운과 같은 민족 엔

19 이종우, 전게 논문, pp. 13-14.

클레이브에 격리되어 산다. 마지막에 주변화(marginality)는 주류사회에도 참여하지 않고 자신들의 문화도 잃어버리는 경우로서 사회의 밑바닥 계층으로 전락하여 기성질서에 반항하는 가치관과 행동양식을 갖게 될 수 있다.[20] 화교의 2세대인 경우만 해도 자국의 문화도 유지하면서 새로운 문화를 받아들일 수 있는 통합에 속해 있다고 볼 수 있지만 이러한 문화적응과 자아정체성에 대한 인식은 부모의 교육에 의해서 자아정체성이 형성된다고 보아야 할 것이다. 그러나 현재 화교 3, 4세대는 주변의 환경보다 스스로의 자아정체성에 대한 인지와 판단을 동시하게 이뤄지게 되므로 이러한 세대에 걸쳐서 현지에 동화될 가능성이 높아질 것이다.

3. 디아스포라와 문화 혼종성

'혼종(hybrid)'이란 단어는 사전적 의미로 서로 다른 인종의 부모에서 태어난 혼혈로 정의하지만, 확장적인 의미에서 문화적 현상에도 적용되면서 다양한 것들을 서로 결합시키고, 또 콜라주, 샘플링, 조합 등을 통해 생성되는 것으로 이해된다. 즉 혼종성(hybridity)이란 문화 민족/국민, 종족이란 현상과 관련해서 본질적인 시각에서 맞서는 핵심 개념으로 부상되었다. 또한 Elisabeth Bronfen(1997)은 다양한 맥락 속에서 자신만의 내용을 채워간다는 것으로 보았다. 현대에는 포스트모더니즘, 탈식민주의 사조에 따라 혼종성을 문화에 적용하여 언어학, 사회학, 문학 비평, 문학 연구 등에서 중요한 개념으로 인식되었으며, 근대적 개념으로 영토, 민족, 언어 등에 따라 분절된 정체성을 가졌다면, 포스트모던 시대로 접어들면서 경제

---

20 Berry, D. T., "Iimmigration, acculturatin and adaptation, applied Psychology: An International Review", 46(1), 1997, 이범수, 인천 화교의 문화적응에 대한 연구, 인천대학교 인천학연구원, 2008, p. 71 재인용

는 무너지고 국민국가 체제도 점차 희석되어 문화 혼종성 개념이 중요해졌다.[21]

글로벌화된 세계의 특징은 단연코 혼합이라 할 수 있다.[22] 혼종성은 주로 추상적 개념에서 인종, 계급, 성별, 민족 등의 문화적 차이에 기반을 두고 설명하는 추상적 개념이며, 혼종화는 혼종성이 나타나게 되는 과정을 의미하며, 혼종 문화는 구체적인 사회 · 문화적 실천의 결과로 나타나게 되는 문화 양상을 말한다.[23] 헬렌 티핀은 혼종성을 '모든 탈식민주의 텍스트의 주된 특징'이라고 보았다. 또한 피터 브룩커는 '의미가 확장되어 사람이나 인종 공동체, 혹은 이러한 상태를 표현하거나 규정하는 텍스트의 혼종되거나 하이픈이 그어진 정체성(mixed or hyphenated)'이라고 하였다.[24] 이런 맥락 속에서 혼종이란 본질주의적 정체성의 해체와 상이한 민족 문화의 조화로운 공존을 야기할 수 있으며 계속된 문화혼합의 과정 속에서 혼종적 성격을 띠게 된다. 따라서 혼종성을 초국가적 이주 현상에서 나타나는 문화적 혼합을 의미하는 것으로, 다른 문화와의 접촉을 통해 문화가 혼합되면서 발생하는 문화적 현상으로 정체성의 이중성, 경제성, 중간성으로 이해된다.[25]

바바(Bhabha. H.)는 역사와 경험이 서로 다른 타자들 사이의 문화적 차이로 두 문화의 접촉으로 형성되는 '두 문화 사이의 중간적 공간(in-between)'으

21 서나래. "한국화교의 문화 혼종성 교육 경험과 정체성 형성: 국제학교 사례를 중심으로". 『한국교육사학』 제36권 제3호, 2014. pp. 54-55.

22 김영술. "인도네시아 중국계 페라나칸의 혼종성 연구". 고려대학교 아세아문제연구소. 『아세아연구』 57(1), 2014/03. p. 242.

23 이수안. "유럽의 한류를 통해 본 문화혼종화-K-pop 열풍을 중심으로". 『한독사회과학논총』 제22권 제1호, 2012. p. 123.

24 성정혜. "탈식민 시대의 디아스포라와 혼종성: 살만 루시디의 『자정의 아이들』, 『수치』, 『악마의 시』", 이화여자대학교 대학원 박사학위논문, 2010. p. 12.

25 岩渕功一. 『トランスナショナル"Eジャパン: アジアをつなぐポピュラー文化』, 岩波書店, 2001. 히라타 유키에 · 전오경 공역. 『아시아를 잇는 대중문화』, 또하나의문화, 2004. p. 67: 김수정 · 양은경. "동아시아대중문화물의 수용과 혼종성의 이해". 『한국언론학보』50(1), 2006. p. 118에서 재인용.

로 생겨나는 복잡한 지형으로 이해했다. 즉 문화의 혼종은 초국가적 이주로 인해 모국과 거주국에서 존재하는 이질적인 문화적 차이 사이에서 발생하는 문화적 접촉과 교습, 적응과 갈등, 수용과 배제로 이루어지는 것으로, 제3의 문화 형성만을 의미하지 않고, 탈식민주의 관점에서 지배문화와 피지배문화가 접하여 형성하는 문화의 혼종성으로 억압과 저항의 의미가 포함되는 것으로 보았다.[26]

> 혼종성이 중요한 것은, 그것이 제3의 것이 나타나는 두 개의 근원적 순간으로 거슬러 올라가게 해 주기 때문이 아니다. (…) 혼종성은 다른 위치가 나타나게끔 해주는 '제3의 공간'이다. 이러한 제3의 공간은 그것을 구성하는 역사들을 대신하고, 권위의 새로운 구조와 새로운 정치적 주도권을 설정한다.[27]

이와 더불어 디아스포라는 초국가적 이주의 확산으로 타자로서 배제되고 차별받아 왔으며 이러한 디아스포라적 경험이나 기억들로 인해, 홀(S. Hall)은 민족과 국가체제에서의 사고방식을 초월하는 것으로 보았다.

이런 새로운 현실이 다문화인 것이다. 그래서 차이와 상호 간의 문화변용이 벌어지면서 수많은 형태가 만들어지는 문화적 혼합이 만들어진다. 또한 상호문화주의는 이분법적으로 구성된 정체성이 혼종성과 문화혼합으로 바뀌어야만 가능하다고 할 수 있다.[28]

디아스포라와 밀접한 관계에 있는 혼종성은 그 융합적 속성으로 인해 다양한 방식으로 디아스포라의 특징으로 규정되며, 여러 문화적 요소가

---

26 이관수. "호미 바바의 혼종성과 『제스처 라이프』에 나타난 하타의 위장 전략". 『인문학논총』 제36집, 2014. p. 3; 이수안. "문화혼종화 양상에 대한 문화이론적 연구: 1970년대 이후 한독 문화교섭을 중심으로", 『한독사회과학논총』 제23권 제3호, 2013. pp. 191.

27 Bhabha(H.)의 인터뷰. "Third Space": 데이비드 허다트. 『호미 바바의 탈식민적 정체성』, 조만성 옮김, 앨피, 2006. p. 228 재인용.

28 김영술. 전게 논문. p. 243.

합해진 것이 아니라, 과정으로서의 역동성을 지닌 융합적인 것으로 이해된다.

제3장
부산화교의 혼종성과 문화영토

1. 부산 차이나타운의 형성

1) 부산화교의 역사

부산화교의 역사는 한국화교의 큰 흐름과 함께 전개되어 왔으므로 상호 유기적 관련성 속에서 파악되어야 한다.[1] 부산에 화교가 본격적으로 유입된 것은 1880년대 초반으로 추정된다. 1876년 부산항을 기점으로 원산, 목포, 군산, 신의주 등의 항구가 개항하였다. 당시 청나라의 실권자였던 이홍장은 진수당을 파견하여 첫 번째 주조선(駐朝鮮) 총판조선(總辦朝鮮) 상무위원(常務委員)이 되어 1883년 9월 16일부터 1885년 9월 23일까지 2년간 재임하였다. 진수당이 서울에 공관을 개설하고 인천, 원산, 부산에 공관지점을 개설하면서 부산 지역에 화교의 역사가 시작되었다. 그 당시 서울의 경우 80여 명, 인천에 50여 명, 원산에 10여 명, 부산에 20여 명 등으로 모두 170여 명에 이르렀다. 청국조계지(淸國租界地)는 부산, 인천, 원산 등 3개 항구도시에 설치되어 있고 청국이 해외에 설치한 유일한 조계지이다. 이후 1876년 강화도조약에 의해 개항장인 부산에서 무역과 상권을 일본 상인들이 장악하고 치외법권으로 청상(淸商)의 활동은 상당히 저조하였다.

1884년 5월 지금의 초량동 자리(동구 초량동 571번지 일대)에 청국 영사관을 건립하기로 결정하였지만 조선 정부는 조계지 설치를 계속 거부하여 진수당 재임 시절에는 뜻을 이루지 못하였다. 그러나 진수당의 후임인 원세개(元世凱)는 적극적으로 청상을 지원하면서 1887년 부산에 청국 조계지를 설립하였다.[2] 또한 조선 해관의 분기별 무역통계보고서를 청국 해관의 보고서 내에 포함시키고, 조선 해관을 청국 해관에 종속시켰으며 이러한 비호하에 세력을 확장해 나갈 수 있었다.

---

1 안미정, "부산화교의 가족 분산과 국적의 함의", 『역사와 경제』, 제78권, 2011, p. 6.

2 조세현, 전게 논문, pp. 505-530 참고.

부산 조계지는 현 초량도 일대로 1889년 당시의 기록에 의하면 "부산 조계는 봉태산의 동남록(東南麓)을 동북진(東北進)하여 하나의 독구(禿丘)를 넘다 해안이 적은 평지에 사방 5정쯤 되는 곳을 지나(支那) 거주지로 삼고 인가 100여 호가 상업과 어업에 종사하고 당시 이사부(理事府)와 二, 三의 잡화전이 있을 뿐"이라는 기록이 있다. 이러한 기록을 미루어보아 부산 청상 거류지는 적었으며 청상의 수도 매우 적었다. 부산시사(釜山市史)의 기록에 따르면 조계지역의 형태가 장방형으로 동쪽은 해변을 따라 서쪽은 산허리를 따라 각기 314km이고, 북쪽은 산허리에서 해변까지 303m, 남쪽은 275m로 기술되어 있다.[3]

한일합방 직전인 1906년 조선에 거주하는 화교 수는 3,661명이었는데 이 중 인천에 714명, 서울에 363명, 군산에 365명이었고 부산에 144명 정도가 거주하고 있었다. 당시 부산 초량동의 차이나타운에 중국 사람들의 점포를 겸한 주택이 형성되어 있었고 그 점포가 있었던 거리를 청관거리라고 불렀다. 당시 청관거리의 점포에는 비단, 포목, 양복지, 거울, 꽃신 등 중국의 상하이 등지에서 수입해온 상품이 많았고 소매업뿐만 아니라 각 지방 상인을 대상으로 한 도매업도 성행하였다. 그러나 1945년 해방과 함께 미군이 진주하고 1953년 부산역 앞의 대화재로 차이나타운이 거의 소실되자 이 일대는 미군을 대상으로 한 유흥업소와 점포가 들어서기 시작하면서 텍사스 거리라고 불리게 되었다. 이후에는 주한 미군의 감축 등으로 인해 미군의 출입이 줄어들고 부산항을 통한 국제무역이 증가하고 외국 군함의 부산 방문도 증가함에 따라 외국 선원과 해군 군인의 출입이 잦아지면서 이 지역에는 외국인을 상대로 상품을 판매하는 외국인 전용 점포들이 들어서기 시작하였다.

1990년대 소련의 붕괴와 러시아의 자본주의 경제체제로의 이행에 따

3 『부산시사』, 부산직할시사편찬위원회, 1989, p. 798.

라 러시아 선원과 소위 '보따리 장수'들이 텍사스 거리를 찾기 시작하면서 이 거리에는 러시아어 간판이 걸리고 러시아인을 상대로 한 점포들이 문을 열기 시작하였다. 부산역 맞은편에 위치한 옛 텍사스 거리는 다양한 인종이 드나드는 거리가 되면서 중국 음식뿐만 아니라 다양한 문화를 체험할 수 있는 관광의 거리로 발전하게 되었다. 부산광역시 동구청은 2007년 7월 옛 텍사스 거리를 지역특화발전특구로 지정하여 2012년까지 부산 지역의 '차이나타운'으로 조성할 계획을 세웠다. 이 '차이나타운'은 현재 부산광역시 동구 초량 1동 571번지 및 초량 2동 492번지 일원에 11만 4,917m^{2}의 면적으로 부산광역시의 시내 중심부에 위치하고 있으며 부산역과 부산국제여객터미널이 가까워 국내외적으로 접근성이 용이하였다. '차이나타운'은 조흥은행과 뉴포트호텔 사이에 형성되어 있는데, 뉴포트호텔과 초량 1동 사무소 사이의 거리는 과거 텍사스거리라고 불리던 '외국인 상가의 거리'(이하 외국인거리)이며, 초량 1동 사무소와 조흥은행 사이에 형성된 거리는 중국음식점 중심의 화교 집단상가가 형성되어 있는 거리로서 '상하이 거리'라고 불린다.[4]

19세기 후반 이후 부산화교는 지역의 내외적 힘의 상호작용에 의해 지속적으로 형성되고 변화되었다. 첫 번째는 부산화교의 기원과 거리에 '청관'이라는 명칭이 각인되는 시기이다. 두 번째는 중화인민공화국의 수립과 국민정부 이동 그리고 6.25 전쟁의 발발로 인해 부산화교의 대만 국적 취득과 참전한 미군에 의한 '텍사스촌'이 형성된 시기이다. 세 번째는 박정희 정권하에서 화교의 탄압과 배제가 강하게 작동하여 화교의 힘든 일상생활과 해외 이주가 진행된 시기이다. 네 번째는 1990년대 이후 한・러시아와 한・중 국교의 수립, 지방 자치제의 실시, IMF 위기가 닥치면서 텍사스촌의 성격 변화, 상해거리의 조성, 차이나타운 축제 등이 실행된 시기이다.

---

4 이종우, 전게 논문, pp. 52-53

2) 초량 차이나타운의 탄생

(1) 상해거리의 탄생

상해거리의 탄생은 1993년에 부산시가 상해시와 자매결연을 맺으면서 시작되었다. 부산시와 상해시의 자매결연은 시 자체의 독자성과 1992년 8월에 한국과 중국 간에 이루어진 국교 수립의 외부적 환경에 의해서 가능하게 되었다. 그리고 한국이 중국과 국교를 수립함에 따라 대만과 국교를 단절하게 되었고, 이는 부산시가 더 이상 대만 정부와 공식적 관계를 맺을 수 없게 되었고 부산화교의 정체성에도 영향을 미치게 되었다.

1998년 부산시에서는 상해거리를 조성하고, 상해시에서는 부산거리를 조성키로 합의하면서 그해 8월에 청관거리를 '상해거리'로 명명하였다. 중구청은 쇠퇴하는 중구를 개발시킬 필요성이 대두되었고, 이를 실천하기 위해 부산광역시와 협력하여 전통적 청관거리를 변화시켰다.[5]

사진 3.1 부산 초량 차이나타운 특구

---

5 박규택 · 하용삼 · 변광석, "이질적 인식과 실천의 장으로서의 로컬, 부산 차이나타운-상해거리, 축제, 화교학교를 중심으로-", 『한국사진지리학회지』 20권 3호, 한국사진지리학회, 2010, pp. 91-93.

사진 3.2 부산 초량 차이나타운의 벽화

(2) 상해거리와 상징물

최근 부산과 자매결연을 맺고 있는 중국 상해와의 유대를 기념하고 1884년 이후 오늘에 이르기까지 화교의 집단거주지인 이 지역을 활성화하기 위해서 최근 상해의 거리로 명명하고 이전의 문화적 풍류를 되살리려고 노력하고 있으며 새천년을 맞아 부산시와 상해시가 공동으로 '상해의 문'을 건립하였다.

상해거리는 상해문 건립과 거리 미관 개선, 도시기반 시설 조성 등을 단행하면서 화교거주지에 머물던 청관거리를 관광지의 이미지로 바꾸었으며, 부산 중화요리의 메카로 알려지면서 중국적 풍모를 갖추어 갔다.[6] 상해거리의 대표적 상징물인 상해문은 중국 기술자들이 직접 부산에 와서 건립하였으며, 중국 전통 양식으로 지붕이 2중 구조로 돼 있고 처마 끝이 하늘로 추켜올려져 웅장한 느낌을 주는 것이 특징이다. 이 문을 중심으로 남북과 동서 방향의 십자형 상해거리를 조성하였다. 상해문이나 동화문

---

6 박향화·강영조, "부산 상해거리 상점 전면부 경관요소의 유형적 분석과 중국 전통 경관이미지의 재현 수법에 관한 연구", 『한국전통조경학회지』 30권 2호, 2012, pp. 136-137

은 중국 전통의 건축양식으로 만든 패루로 상해거리의 입구이고, 중심사거리에도 중앙의 상징물로 아치형 조형물이 세워졌으며, 상해거리 남북에도 역시 아치문이 있다. 중앙 상징물 앞에는 패왕별희의 동상이 세워져 있다.[7]

상해의 문에서 중앙 상징물을 거쳐 동화문까지 바닥에 보도블록을 놓고 양쪽 길 옆에 용머리로 치장한 가로등과 중국산 밤나무를 심어 중국풍

사진 3.3 패왕별희의 동상

7 박향화 · 강영조, 전게 논문, pp. 136-137.

의 거리를 조성해 두었다.[8] 상해거리의 조형물 이미지는 중국의 남방문화, 북방문화 양식과 한국적 양식이 혼재되어 있다.[9]

사진 3.4 동화문

사진 3.5 상해문

---

8 박규택 · 하용삼 · 변광석, 전게 논문, p. 93.

9 박향화 · 강영조, 전게 논문, pp. 141.

3) 부산화교의 인구와 직업별 변화

(1) 부산화교의 인구변화

부산항 개항을 시작으로 원산, 인천 등 주요 항구에 외국 상인들이 들어오게 되었다. 개항지는 외부세력이 들어가는 관문으로서 이주한 화교사회가 형성되기 시작한 공간이기도 하다. 개항장에서 일본 상인이 상권을 장악하고 그 수가 청국 상인보다 많았음에도 청국 상인의 무역규모는 결고 일본 상인에 비해 작은 것만은 아니었다.[10] 개항 이후 20세기 전 한반도에서 활약하던 청국의 상인들은 일본 상인들에 비해 아직 조선에서의 우위를 점하고 있었고 점차 일본이 한반도에서 정치적 지배력을 강화함에 따라 이들의 활동도 단지 상업적 경쟁만이 아니라 정치적 긴장관계 속에서 전개되었을 것으로 보고 있다.

한반도에서 활동하던 청국 상인들은 오늘날 한국의 화교사회를 형성하고 있는 이들의 출신지와는 비교적 달랐다. 1980년대 한반도에서 활동하던 청국 상인들은 주로 중국의 남부 지역 출신들이 북부 지역 출신들보다 많았다. 지역으로 보면, 남부의 강남과 절강 출신의 상인들과 북부의 산동 출신의 상인들이 많았다. 오늘날 한국화교의 90% 이상인 산동 출신과는 대조적으로 19세기 말 한반도의 청국인들은 보다 다양한 지역 출신의 사람들이 활동하였음을 알 수 있다.[11]

---

10 원산의 경우 청국 상인 40여 명이 거래한 수출입 금액은 79만 원으로 일본 상인 600여 명의 수출입 총액 80여만 원에 맞먹었다: 안미정, "부산화교의 가족 분산과 국적의 함의", 역사와 경제, 제78권, 2011, p. 11 재인용.

11 안미정, "부산화교의 가족 분산과 국적의 함의", 『역사와 경제』, 제78권, 2011, p. 11-12.

표 3.1 한국 내 화교인구의 변화 추이(1883-2002)

년도	인구수
1883	166
1885	188
1887	463
1889	1,205
1891	1,504
1893	2,182
1894	326
1985	1,480
1897	3,519
1899	4,909
1901	5,181
1910	11,818
1915	15,968
1920	23,989
1925	46,196
1930	67,794
1931	36,732
1935	57,693
1940	63,976
1942	82,661
1944.5	71,573
1945.8	10,800
1948	17,443
1952	23,975
1958	22,734
1968	30,810
1970	31,918
1980	29,254
1985	25,329
1990	22,842
1994	22,271
2002	21,782

출처: 李正熙, "在韓華僑の人口に關する考察(1883−1949年)", 京都創成大學紀要 第8巻 第2号(2008), pp. 115-122의 자료와 韓國內華僑人口の推移, NewsWeek(韓國版, 2004. 5. 12 号) p. 22를 토대로 재구성함.

앞의 표에서처럼 한국 내 화교인구의 수가 증가하다 1894년 청일전쟁 때 급속히 감소하였다. 그 이후 차츰 증가하다 1910년에는 1만 1,818명이었던 화교가 10년이 지난 1920년에는 2만 3,989명까지 증가하였다. 그러나 1937년 발생한 중일전쟁으로 2만여 명이었던 화교들이 빠져나감에 따라 화교 인구는 또다시 감소하였다. 그러다가 1938년 안정을 되찾으면서 1942년에는 8만 2,661명으로 최고에 달하였다.

국내 전체 화교 수와 마찬가지로 부산화교 역시 노동시장의 수요에 따라 계절과 지역별로 유동적으로 움직였던 화공과 쿨리 때문에 인구의 차이가 나타났다. 부산화교는 1884년 15명, 1885년에 17명 1886년에 87명, 1891년에 138명, 1892년에 148명, 1893년에 142명, 1923년에 333명 그리고 1942년에 230명으로 증가하였다. 1918년 이후 1923년까지 완만하게 증가하였던 부산화교는 1925년 4월 진주에 있던 경남도청이 부산으로 이전하면서 부산시 전체 인구의 증가에 따라 새로운 일자리 창출에 대한 기대 심리로 화교들의 인구변화에 영향을 주었을 것이다. 그러나 1925년 이후 부산화교는 전국적 경향과 달리 감소하기 시작했다. 특히 1931년에는 전년 대비 35%가 감소하였다. 1931년 7월에 발생한 만보산 사건 이후 부산화교들의 감소는 1934년까지 계속되다가 1935년부터 증가 추세로 돌아서 1936년에는 1천 명을 넘은 일제강점기 최고의 수치를 보였다. 하지만 중일전쟁의 여파로 부산화교들이 귀국함으로써 1937년 9월 무렵 부산에 남아 있던 화교는 1942년에 이르러 230명으로 전국에 분포하고 있던 화교 중에서 0.2%에 불과하였다.[12]

---

12 김승, "일제강점기 부산화교의 존재형태와 사회정치적 동향", 『지역과 역사』 제34권, 2014, pp. 213-277 참고.

표 3.2 부산화교의 거주인 수 추이(1884-1942)

연도	전국(명)	부산(명)	구성비(%)
1884	354	15	4.2
1885	700	17	2.4
1886	468	87	18.5
1891	1,489	138	9.2
1892	1,805	148	8.1
1893	2,182	142	6.5
1923	33,654	333	0.9
1942	82,661	230	0.2

출처: 김승, "일제강점기 부산화교의 존재형태와 사회정치적 동향"(『지역과 역사』 제34권) 논문과 이정희, "在韓華僑の人口に關する考察(1883-1949年)"(京都創成大學紀要 第8巻 第2号, 2008)를 토대로 재구성함.

(2) 부산화교의 직업별 구성

1923년 부산화교 333명의 직업 구성을 업종별로 분류하면 상업이 73% 수준으로 가장 많았다. 그다음이 기타 유업자 19%, 농업 8% 순으로 나타났다. 업종별 분류를 좀 더 세분화하여 직업별로 보면 포목상 131명(39.3%)으로 가장 많았고 그다음이 요리점 및 음식점이 84명(25.2%) 그리고 토목인부 61명(18.3%)으로 나타났다.[13] 그리고 아래의 표는 부산화교의 업종별 현황을 1927년 상황을 잘 보여주고 있다. 1927년 부산화교는 124호 574명으로 이 중에서 상업 및 교통업 종사자가 58%로 가장 많았고 그다음이 공업 35.5%였다. 상업은 포목과 직물 판매업, 요리업, 중국 만두 판매업 등이 주류였고 공업은 철공업자, 구두수선업자, 그 밖에 약간의 목수와 미장 등이었다.[14]

13 김승, 전게 논문, p. 237.

14 釜山府, 『釜山』 2-12, 1927, p. 39; 김승, 전게 논문, pp. 239-240에서 재인용.

표 3.3 1927년 10월 부산화교의 업종 구성

구별	세대	합계			
		남	여	계	비율
농림 및 목축업	6	14	5	19	3.3
어업 및 제염업	1	4	2	6	1.0
공업	26	168	18	186	32.4
상업 및 교통업	84	290	37	327	56.9
공무 및 자유업	4	14	6	20	3.4
기타 유업자	2	12	1	13	2.2
무직 및 미신고	1	2	1	3	0.5
합계	124	504	70	574	100

출처: 釜山府, 『釜山』 2-12, 1927, p. 40; 김승, "일제강점기 부산화교의 존재형태와 사회정치적 동향", 『지역과 역사』 제34권, 2014, 표 7, p. 239에서 재인용된 내용을 토대로 재구성함.

2. 부산 차이나타운의 공동체

(1) 화교협회

화교들은 이주 초창기에 북방회관, 남방회관, 광동방회관 등의 동향을 중심으로 같은 고향 사람들과 사업기반을 확충하였고, 점차 각 지역별로 중화상회도 형성하였다. 1914년경에는 서울, 인천, 목포, 부산, 평양, 진남포, 신의주, 원산 등에 중화상회가 설치되었으며 서울에는 각 지역의 중화상회를 총괄하는 '중화 상무 총회(中華常務總會)'가 조직되었다. 해방 이후 1947년 주한 중국영사관이 다시 설치되면서 한국의 화교도 중국의 지방자치조직에 따라 지역별로 48개 자치구로 조직되었다. 1950년 한국전쟁 이후 '한국화교 자치연합 총회'로 발전하였다.

사진 3.6 부산화교협회

1961년 5 · 16 이후 단체 집단 금지령에 따라 화교조직도 활동이 중단되었다. 한국화교 자치연합 총회 산하의 48개 자치구는 각 지역별로 화교협회로 명칭을 변경하였다. 그리고 1964년 인사 분쟁과 경비문제로 어려움을 겪다가 1969년 완전히 철폐하였다. 그 이후 서울의 한성화교협회가 대만 대표부와 화교사회의 중간 역할을 하면서 대표적인 단체로 활동해 오고 있다.[15]

(2) 화교학교

학교는 미래 세대를 위한 역사, 이념, 민족교육이 이루어지는 장이라는 점에서 화교사회의 변화를 파악하는 데 중요한 역할을 한다. 한국화교 학교들은 대만의 화교학교 규정에 의해 설립되었으며, 그에 따라 대만 정

---

15 김기호, "초국가 시대의 이주민 정체성: 한국화교의 사례연구", 서울대학교 석사학위논문, 2005, pp. 28-29

부로부터 교재와 학교관리를 위한 재정지원을 받고 있다. 또한 건물 증축이나 각종 행사비와 같은 특별 지출도 학교 이사회의 지원정책에 의존하고 있다.

화교학교는 한국의 화교사회가 민주적 정체성과 전통을 유지해 오는 데 있어서 구심점 역할을 해 왔다.[16] 현재 부산화교중학교 부지 내에 부산화교의 기원과 연관된 청나라 영사관(청관)이 위치하였다. 과거 청관의 터에 현재는 학교 기숙사(1954년 4월 설립)가 자리 잡고 있고, 학교 앞쪽의 왼편에 부산화교협회(1957년 9월 설립)가 있다. 높은 담장으로 둘러싸여 외부와 차단된 화교학교 건물은 1964년에 건립되었다. 청관의 역사성에 기반을 둔 화교학교와 협회는 부산화교의 문화 · 사회 · 행정의 중심 역할을 수행하여 왔다. 부산에 터를 잡고 오랫동안 살아온 화교들이 민족적 정체성을 유

사진 3.7 부산화교학교

16 김기호, 전게 논문, p. 38.

사진 3.8 부산화교소학교 교칙

사진 3.9 부산화교소학교 학적부

지한 데 학교의 역할이 컸다고 볼 수 있다. 초량동 상해거리에 위치한 화교학교는 초등학교부터 중국어와 중국사회 및 역사 등을 교육함으로써 화교의 정체성을 유지하는 데 기여하였다.[17]

17 박규택 · 하용삼 · 변광석, 전게 논문, pp. 96-97.

(3) 한국 중화총상회

1999년 5월 외국인 단체로는 처음으로 사단법인 인가를 받아 한국화교 경제인연합회로 출범했으며, 주로 한중 교류를 위한 중간 역할을 해오고 있다. 전 세계적으로 개최되는 세계화상대회에 한국화교를 대표하여 참여해 오다가 2003년 7월 일본 고베, 마카오 등과의 치열한 경쟁 끝에 2005년 제8차 세계화상대회를 한국에 유치하기도 하였다.

3. 부산차이나타운의 문화축제[18]

1) 차이나타운의 축제

한 · 중 역사문화를 체험하고 즐길 수 있는 부산 차이나타운특구 문화축제가 초량 차이나타운 특구를 중심으로 동구 전역에서 화려하게 펼쳐지고 있다. 차이나타운 지역발전 특구 활성화와 한 · 중 수교를 기념해 열리는 축제는 부산의 대표적인 다문화 공간인 차이나타운을 재조명하고 주민화합과 지역경제 활성화를 위해 마련되었다.

2004년 10월에 제1회 '상해거리 축제'로 시작된 '차이나타운'의 축제는 해를 거듭하면서 그 명칭은 조금씩 바뀌어왔지만 지금까지 그 명맥을 이어오고 있다. 즉 2006년 제3회에는 '차이나타운 축제'로, 제5회부터 축제의 이름도 제5회 '차이나타운 특구 축제'로 변경되었다. 제5회 축제의 실행을 앞두고 동구청 관계자는 "1회 때만 해도 부산 시민, 초량동에 거주하는 화교만의 행사였지만 이제는 중국인 관광객이 즐겨 찾는 축제로 발전했다. 올해부터는 볼거리를 강화해 부산 시민들의 참여가 늘어날 수 있도

18 부산 동구청 차이나타운 특구 축제 공식사이트(http://www.chinatown-f.com)의 지료를 토대로 작성된 것임.

록 유도하고 이를 바탕으로 차이나타운 축제가 반중 감정을 식히고, 더불어 사는 공동체 문화를 만들 수 있는 계기가 될 수 있도록 하겠다고 밝혔다(부산일보, 2008년 5월15일). 2010년 6월 12-13일 양일간에 걸쳐서 제7회 차이나타운 축제가 개최되었다. 첫날에 차이나타운 축제를 상징하는 상해문에서 한 · 중 퍼레이드로 시작한 뒤 부산역 광장을 주 무대로 하고, 차이나타운 무대와 상해거리 패루광장 보조 무대에서 다양한 공연행사가 진행되었다. 중국문화와 관련된 공연은 개막 공연으로 사자 탈춤과 화교 중용춤 공연, 상해시 서회구 공연단 공연, 중국 기예단 공연, 달마도 그리기 퍼포먼스 공연 등이 있다. 중국문화, 사회, 역사와는 상관이 없는 행사들, 월드컵 거리 응원, 한글시 백일장, 행운의 다트게임, 외국인 가요제, 세계 댄스 공연(러시아 공연단) 등이 있다. 차이나타운 일원에서 펼쳐지는 체험 및 참여 행사 가운데 중국과 관련된 것은 중국요리 시음회, 전통 의상과 무예 체험, 발마사지와 인력거 체험 등이 있다. 그리고 중국과 관련이 없는 체

표 3.4 부산 차이나타운 축제연혁

횟수	년도	기간	제목
제1회	2004	10월 8일 -10월 10일	상해거리 축제
제2회	2005	10월 14일 - 10월 16일	상해거리 축제
제3회	2006	10월 13일 - 10월 15일	차이나타운 축제
제4회	2007	10월 5일 - 10월 7일	차이나타운 축제 (차이나타운 지역 발전특구 지정기념)
제5회	2008	5월 16일 - 5월 18일	차이나타운 특구 축제
제6회	2009	5월 15일 - 5월 17일	차이나타운 특구 축제
제7회	2010	6월 12일 - 6월 13일	차이나타운 특구 축제
제8회	2011	4월 29일 - 5월 1일	초량 차이나타운 특구 축제
제9회	2012	6월 22일 - 6월 24일	부산 차이나타운 특구 문화축제
제10회	2013	5월 31일 - 6월 2일	부산 차이나타운 특구 문화축제
제11회	2014	9월 26일 - 9월 28일	부산 차이나타운 특구 문화축제

험은 세계 전통 요리(다문화가정 참여) 시연회, 한국 목공예와 한지 공예 체험, 플라워 볼 만들기, 어린이 놀이터 등이 있다.[19] 차이나타운 특구 축제가 행정기관의 주도적인 차원에서 시행되었지만 그 속에는 화교사회의 적극적인 지원과 주도적인 참여로 그 전통이 지금까지 이어져오고 있다.

2) 주요 축제의 특징[20]

(1) 2011년 제8회 차이나타운 축제

차이나타운 특구 축제는 중국문화라는 독특한 소재를 사용함으로써, 방문객들에게 흥미를 유발하여 가보고 싶은 축제라는 이미지를 가지고 있으며, 이번 제8회 축제를 통하여 봄 시즌에 개최되는 부산 지역의 대표적인 거리축제로 성장하였을 뿐 아니라 대한민국의 다문화 현상의 초석으로 자리매김할 수 있는 기회를 마련하게 되었다. 또한 제한된 문화 콘텐츠를 가진 부산에 새로운 문화적 요소로 급부상하는 중국문화를 테마로 하여 내국인은 물론 국내외 거주 중국인과 외국인이 참가할 수 있는 기회를 제공하는 기회가 되었다.

(2) 제9회 차이나타운 축제의 주요 특징

첫째, 국내외 관광객들에게 차이나타운 특구 축제가 마을 축제의 이미지를 탈피하여 부산의 대표적인 국제적인 문화 축제로의 인식 전환을 위해 '부산 차이나타운 특구 문화축제(2011: 초량 차이나타운 특구 축제)'로 축제 명칭을 변경하였다.

둘째, 축제를 통한 지역경제 활성화를 위해 차이나타운 특구는 물론 외국인 거리를 연계하여 초량시장까지 축제 구간을 확대하였다. 부산역

---

19 박규택·하용삼·변광석, 전게 논문, pp. 95-96.

20 부산 동구청 차이나타운 특구 축제 공식사이트(http://www.chinatown-f.com)

은 별도 무대를 설치하지 않고 개막식 때 분수대를 무대로 활용하였으며 무대 3개소를 설치하여 운영하였다. 즉 차이나타운 아치문 앞, 패루광장, 초량전통시장(탑마트) 입구 등이다.

(3) 제10회 차이나타운 축제의 주요 특징

첫째, 축제 구간을 확대하는 것이다. 이를 위해 차이나타운 특구는 물론 초량 이바구길까지 연계하여 근대사가 살아 숨 쉬는 '부산의 종가, 동구'가 간직한 다양한 기억공간을 연계운영 하였으며 초량 이바구길, 전망대, 이바구공작소, 장기려 박사 기념 '더나눔', 유치환의 우체통 등 축제 장소와 연계한 다양한 볼거리 · 즐길 거리 등을 제공하는 등 관광투어코스 활성화를 시도하였다.

부산을 대표하는 세계적인 한중 문화관광 축제로의 인식의 전환을 마련하였다. 이를 위해 중국 상해시 서회구 예술단 '경극' 공연과 주부산 중국 총영사관 주관 '중국사진' 전시 등을 통해 부산 유일한 한중 문화축제의 특색 있는 프로그램을 운영하였다. 또한 부산역 분수대 개막식 무대로 활용하여 크루즈선을 형상화한 디자인으로 역동하는 동구를 표현하였다.

셋째, 축제 10주년 기념 차이나타운 역사문화 심포지엄을 개최하였다. 즉 "동구, 이 땅이 간직해온 한중이야기"라는 주제로 부산 청관거리를 중심으로 한중 교류 역사 및 화교의 삶을 재조명하는 시간을 만들었다.

넷째, 축제 대표 콘텐츠인 홍등터널 설치구간을 확대하기 위해 차이나타운 내 상시 설치구간 운영(축제 후 주민자치 운영)하고 초량 이바구길 등 홍등 설치구간 확대로 축제 분위기 전파 및 관광객의 유도를 위한 적극적인 노력을 기울였다.

다섯째, 축제를 통한 컬처노믹스(culturenomics)를 실현하였다. 우선 업소별 특색 있는 중국 상품(음식) 홍보판매 등 차이나타운의 관광상품화를 하였으며 동구가 배출한 인적자원을 연계한 '동구출신 다모여' 행사 추진으로 축제는 물론 민생경제 활성화 추진을 위한 노력을 하였다.

(4) 제11회 차이나타운 축제의 주요 특징

첫째, 부산 유일한 한중 문화축제의 특색 있는 콘텐츠를 운영한다. 평소 접하기 힘든 다양한 한중문화 공연(개막·주무대/거리공연)을 펼쳤으며 그중에는 상해 서회구 연평경극단의 경극, 변검, 마술, 중국기예, 용춤·사자춤과 판 굿 등이 있었다. 그리고 부산경남 거주 중국 유학생 축제참여의 장을 마련(공연, 부스 등)하였는데 축제 11주년 기념 '중국 유학생 다모여' 운영(7개 대학 참여)하였다.

둘째, 축제개최를 통한 컬처노믹스(culturenomics)를 실현하였다. 이를 위해 차이나타운 내 업소별 특색 있는 중국 상품을 홍보판매(판매대 통일) 하기 위한 주민 공동체 등 지역주민 참여를 통한 다양한 체험부스를 운영하였으며 초량 어묵, 수제 한과 만들기, 비누 만들기, 풀잎공예, 풍선 · 네일아트, 전통놀이 등을 구성하였다.

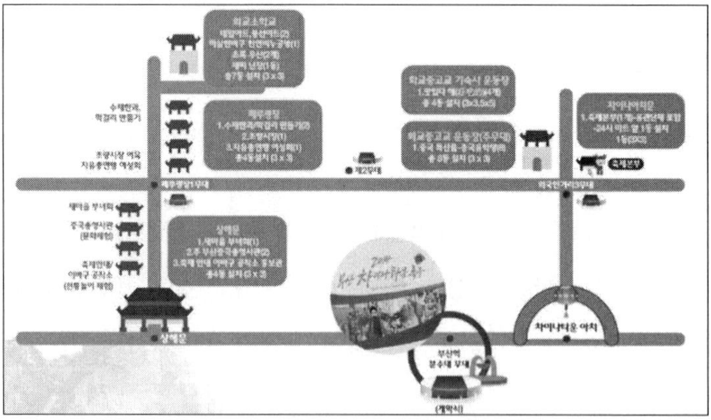

그림 3.1 차이나타운 행사장 배치도(2014년 제11회 축제)

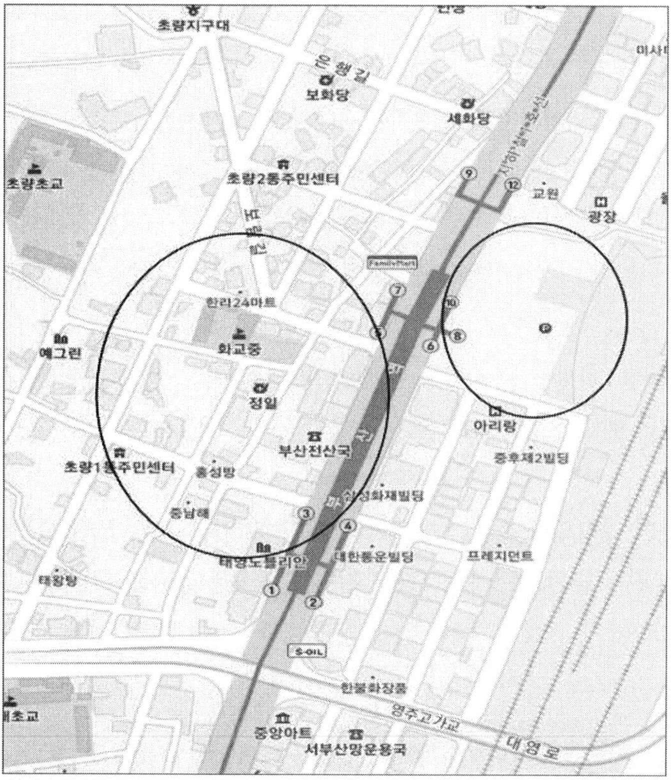

그림 3.2 차이나타운 일원 행사장 위치도

셋째, 주민 참여를 통한 내부고객 만족도를 강화하기 위한 노력을 기울였다. 먹거리 장터 '맛있다해' 운영(바르게살기운동 동구여성회), 특산품의 홍보 판매 등을 실시하였으며 제20회 동구 문화놀이 한마당 '동구야 놀자'를 통해 주민 참여를 확대하였다.

3) 부산 차이나타운 특구 문화축제 분석[21]

(1) 제8회 차이나타운 축제

타 축제에 비해 접근성이 뛰어난 본 축제는 축제 기간 중 20만여 명의 방문객이 다녀갔으며, 직접 참여하지 않아도 축제장을 지나가는 방문객의 수를 포함하면 그 수가 30만여 명에 달할 것으로 예상한다. 방문객의 대부분은 축제장을 찾아가는 데 어려움을 가지지 않았다. 또한 장춘방, 원향제, 시해방, 홍성방 등 중국 음식 전문점을 대상으로 한 축제 기간 중 인터뷰에서는 매출이 평상시 대비, 대폭 증가했다. 지역상가의 주민들은 축제 기간 중 중국풍의 장식 등을 자발적으로 운용하였으며, 축제를 통해 차이나타운의 인지도가 올라가는 것에 대해 기대한다. 기존의 러시아 잡화상 등의 상권이 줄어들고 차이나타운 전체가 중국풍의 거리로 바뀌기를 기대하고 있다.

사진 3.10 제8회 초량 차이나타운 축제

21 부산 동구청 차이나타운 특구 축제 공식사이트(http://www.chinatown-f.com)

사진 3.11 제8회 초량 차이나타운 축제 - 용춤

(2) 제9회 차이나타운 축제

2012 부산 차이나타운 특구 문화축제에 전국에서 약 24만 명의 관광객이 방문한 것으로 나타나 전국적으로 차이나타운 특구 축제에 대한 인지도가 상당한 수준에 이르렀음을 나타내고 있다.

공연 프로그램 중 중국 기예단의 공연이 호응도가 가장 높았으며, 축

사진 3.12 제9회 차이나타운 축제

사진 3.13 제9회 차이나타운 축제

제와의 연관성이 높았다. 또한 개막 공연은 부산시립 국악관현악단과 퓨전국악 공연 등과 중국 기예단 그리고 중국 오케스트라 중심의 공연으로 한국과 중국의 전통과 현대를 아우르는 공연으로 문화교류의 장을 펼쳤다. 참여 프로그램은 축제의 참여자가 능동적으로 축제를 즐기고 축제의 주인이 되게 하는 프로그램으로 중국 전통차 시음회가 가장 많아서 중국문화에 대한 관심이 높게 나타났다.

(3) 제10회 차이나타운 축제

2013 부산 차이나타운 특구 문화축제는 여타 지자체 축제와는 달리 소모성 행사를 지양하고, 동구 부산역 주변에 형성되어 있는 중국 화교 차이나타운 일원을 중심으로 중국의 독특한 전통문화를 소개함으로써 한중관계를 더욱 발전시키는 독창적인 축제로 널리 인식하게 된 계기를 마련하였다. 특히 축제 기간 3일 동안 주 무대인 부산역 분수광장, 화교중고교 운동장을 중심으로 일정별 프로그램을 편성하여 중국문화와 한국문화를 집중적으로 소개하고 차이나타운 거리 일대에 중국 전통 음식과 차, 음료

와 술 등 중국 의식주 문화를 소개하여 중국문화에 접근하는 계기를 심어 주었다. 축제 프로그램 중에서 방문객들로부터 가장 큰 관심과 인기를 얻은 공연은 경극 및 중국 기예단 공연으로, 평소에 접하기 힘든 특이하고 수준 높은 공연 및 인간 신체의 극한적 예술표현과 신체표현의 앙상블을 보여주었으며, 관 중심의 축제 진행보다 차이나타운 화교 주민들을 축제 프로그램에 적극 참여 유도하여, 자국의 전통문화를 소개하고 표현하게 한 점은 외부주민뿐 아니라 내부주민의 만족도를 높이는 최선의 노력을 기울였다. 따라서 제10회 차이나타운 특구 문화축제 3일간의 공연 프로그램의 콘텐츠를 분석한 결과 상해시 서회구 예술단의 경극, 중국 기예단의 공연 수준이 매우 높을 뿐 아니라 관객들의 호응도가 가장 높았다.

반면, 차이나타운 내 상가 앞에 업소별 특색 있는 판매대를 설치하여 먹거리 · 볼거리를 제공하였으나 식사 시간 중식당에 관광객이 몰려 줄을 서는 등 관광객 불편을 초래하여, 향후 차이나타운 내 다양한 먹거리 배치 및 초량시장 등을 연계한 특색 있는 야시장 운영 등 주민 참여를 통한 문제 해결이 필요할 것이다.

(4) 제11회 차이나타운 축제

2014년 제11회 부산 차이나타운 축제에 대한 평가를 살펴보면, 개막식은 부산역 분수대 광장에서 실시되었으며, 차이나타운 특구 문화축제의 개막을 선언하면서 용춤 · 사자춤, 삼고무(한국 전통무용), 중국경극 · 변검, 중국 기예단, 국악과 아이돌 보컬 등의 다양한 공연으로 방문객들의 관심과 흥미를 불러일으켰다. 개막식 공연은 한국과 중국문화를 경험할 수 있는 공연으로 구성되었으며, 또한 젊은 층과 노년층이 동시에 즐길 수 있는 프로그램으로 구성되었다는 평가를 받았다.

제11회 축제의 주제를 '주민이 직접 참여하고 구민이 주체인 축제'로 정하고 '맛있다 해' 먹거리 장터 운영과 '동구야 놀자' 문화놀이 한마당 및 공연 등 지역주민이 직접 참여하는 다채로운 행사 프로그램을 진행하였으며, 특히 중국 자매도시 예술단, 주부산 중국총영사관, 중국 유학생 등이 대거 참여해 경극 · 변검, 홍등터널, 용퍼레이드(용도지신), 다문화 프로그램 등 중국문화를 엿볼 수 있는 대표 콘텐츠를 선보여 주민과 관광객 모두가 즐기는 축제를 펼쳤다.

또한 경극은 중국의 고전 연극으로서 중국문화를 경험할 수 있는 프로그램으로 평가할 수 있으며, 변검은 눈 깜짝할 사이에 얼굴을 바꾸는 기술로 중국에서 전통적으로 내려오는 천극의 레퍼토리 가운데 하나이며, 경극은 배우들의 연기와 연주가 어우러져 중국 전통연극을 접할 수 있는 기회가 되었으나 방문객들에게 다소 지루하다는 평가를 받았다. 반면 변검은 마술과 같은 순간적인 얼굴 변경으로 젊은 층과 노년층 모두에게 긍정적인 반응과 호감도를 이끌어내면서 차이나타운만의 특색을 표출함으로써 중국문화에 대한 관심을 유도하기에 충분하였다.

주 무대 행사장에서 펼쳐진 중국 경극 · 변검, 기예단 공연, 중국 유학생 한마당, 차이나타운 가요제, 동구야 놀자 등에 대한 평가가 다소 높은

사진 3.14 제11회 차이나타운 특구 문화축제 개막식 장면

사진 3.15 사자춤

사진 3.16 경극의 한 장면

것으로 나타났다. 기억에 남는 프로그램으로는 화교중고교 운동장에서 펼쳐진 주 무대 행사가 가장 높은 평가를 받았고 그다음으로 체험/전시/판매행사가 좋은 평가를 받았다.

아래 사진은 2013년 제10회 축제의 공식 포스터로, 중국 전통문화를 대표하는 변검과 사자춤을 중심으로 청색과 적색을 가지고 차이나타운의 축제를 강조하였으며 2014년 제11회 축제의 공식 포스터에서도 청, 적색을 기반으로 패왕별희와 변검을 배경으로 한 포스터를 만들었다.

부산 동구의 '차이나타운 축제'가 부산시에서 최우수 축제로도 선정되었다. 부산지역의 특색 있는 축제를 관광상품으로 특화해 부산 유일의 중국문화를 즐길 수 있는 한중 문화 체험의 장이자, 한중 문화 콘텐츠 운영으로 화교화인뿐만 아니라 한국인과 외국인에게도 좋은 호응을 얻고 있다.

대부분의 화교화인들은 이러한 축제를 통해서 중국인에 대한 인식과 문화에 대한 이해를 할 수 있는 자리이고 중국문화의 우수성을 알릴 수 있으며, 한국 정부기관과 중국 정부기관에서 지원함으로써 중국인에 대한 대우가 달라지는 것을 느껴서 중국인으로서 자부심을 느낀다고 하였다. 그러나, 차이나타운에서 중국 요리점을 경영하는 의○주는 축제에 대해서 다음과 같이 말했다.

사진 3.17 2013년 제10회 축제 공식 포스터(2종)

사진 3.18 2014년 제11회 축제 공식 포스터(2종)

"매년 축제하죠. 우리 문화를 후원해주죠. 우리 자체는 못 해요. 이렇게 특구를 만들어서 동구청에서 지원해주니까 좋죠. 그래서 차이나타운 축제 때마다 음식 시식회 하고 설명도 하고 그래요. 축제하면서 내가 중국인인 거 자부심을 느끼죠.

해마다 축제를 하는데 차이나타운이 특구면 특구답게 지원해 주든지, 근데 정책도 바뀌고 일관성이 없다고 봐요. 안 바뀌고 지속적으로 운영이 되면 좋겠어요.

그래도 구청에서 일본 탐방하고 지원해주니 매우 감사해요."

아래 표에서는 제8회에서 제11회까지 차이나타운 특구 축제의 공식행사 프로그램과 참여행사 프로그램으로 구성되었다. 공식행사 프로그램에는 중국 전통의 변검, 기예단, 문화마당 그리고 중국문화 체험 등의 프로그램으로 구성된 것이 특징이다.

표 3.5 부산 차이나타운 특구 축제의 행사내용

횟수	공식행사	참여/전시/판매행사
제8회	- 개막무대: 식전공연, 개막식, 개막공연 등 - 차이나타운 현장노래방 및 레크리에이션 - 중국 기예단 공연 - 니하오 차이나	- 어린이 사생대회 - 오색즐감 문화마당 축하공연 - 중국 전통장식품 판매관 - 세계면요리 및 전통요리 시연회 - 중국 전통 발마사지 - 홍등 디스플레이 - 소망기원 등터널 - 헬로우 코차이나(한중 전통 민속놀이)
제9회	- 개막무대: 식전공연, 개막식, 개막공연등 - 우슈 시범공연 - 중국 기예단 - 라메르 오케스트라 - 국악-전통과 퓨전의 만남 - 국악인디밴드 - 중국 기예단 - 이노밴드: 올드팝 - 관객과 함께하는 젊음의 무대 - 중국 기예단 공연 - 국악과 중국음악의 만남	- 중국 전통차 시음회 - 중국에서의 한국 독립운동사 전시관 - 한국 전통 탈 만들기 및 전시 / 한국탈방 - 중국 전통문양 페이스페인팅 / 프리마켓 - 축제 사진 및 동영상 콘테스트 / 홍등 디스플레이 - 지역 특산품 / 중국 전통酒
제10회	- 개막무대: 식전공연, 개막식, 개막공연 등 - 경극공연(상해시 서회구 예술단) - 관객과 함께하는 정겨운 우리노래 - 중국 기예단 공연 - 중국 악기 연주 - 중국 노래(전통과 현대) - 용퍼레이드, 홍등점등식 - '동구출신 다모여' 무대인사 - YWCA 브라스밴드 - 중국 전통무용 - 국악그룹 도시락 - 추억과 낭만의 만남-호철밴드	- 홍등터널 디스플레이(차이나타운 및 초량 이바구길 홍등 설치) - 용퍼레이드(번영을 기원하는 중국 전통 지신밟기) - 주부산중국총영사관 주관 「중국사진」전시 - 중국 전통 차 시음회 - 중국 전통의상 체험 - 중국 특산품 전시홍보 및 판매 - 축제 캐릭터 및 관광상품 전시홍보 및 판매 - 차이나타운내 업소별 특색 있는 중국상품(음식) 홍보판매 등
제11회	- 개막무대: 식전공연, 개막식, 개막공연 등 - 경극, 변검, 마술공연 - 중국 기예 공연, 중국요리 시식회, 동구 풍물단 풍물공연 - 중국 유학생 한마당	- 홍등의 물결 '홍등터널' 디스플레이 - 중국문화 체험 및 특산품 전시홍보 - 중국문화 체험전 - 초량시장 어묵 시식 - 관광상품 전시홍보 및 판매 등

횟수	공식행사	참여/전시/판매행사
	- 한중 무술 한마당 - 중국기예공연 - 거리공연: 중국기예공연, 시즈공연, 얼후연주	

표 3.6 2014년 차이나타운 특구 축제 프로그램 표

일자	프로그램명	내 용	장 소
9. 26(금)	식전공연	53사단 군악대 공연(모듬북)	부산역 분수대(개막식)
	공식행사	개막선언, 환영사, 축사	
	중국전통 사자춤·용춤	중국전통 무용(화교소학교, 화교중고교)	
	한국전통공연	버슴새의 삼고무	
	중국 경극	중국전통 경극, 변검(중국 상해시 서회구 연평경극단)	
	중국 기예	중국 기예단 공연	
	아이돌댄스와 국악의 만남	K-POP과 함께하는 국악공연	
9. 27(토)	도전! 차이나	TV 골든벨 형태로 동구, 중국 관련 출제(동구 중고생, 관람객 참가)	주무대 (화교중고교 운동장)
	중국 경극	중국전통 경극, 변검 등(중국 상해시 서회구 연평경극단)	
	시즈 공연	젊음의 열기 시즈공연: 데레사여고 댄스팀(2013 청소년 끼발산 대회 대상)	
	트로트 한마당	사랑의 트로트(쟈니리, 하이란 등)	
	중국 기예	중국 기예단 공연	
	중국요리 시식회	관객대상 레크레이션을 통한 중국요리 시식	
	풍물공연	'동구 풍물단' 공연	
	나는 가수다!	차이나타운 가요제(예심 9.26 10시, 동구청 대강당) ※ 대상, 금상 수상자 '가수인정서' 수여	
9. 28(일)	我(아) 愛(애) 韓國(한국)	중국 유학생이 꾸미는 다양한 중국문화 한마당	주무대 (화교중고교

일자	프로그램명	내 용	장 소
		- 부산경남 7개 대학 유학생 참여 - 중국전통 춤, 노래, 연주 등	
	한중 무술 한마당	우슈, 태권도 등 무술 공연	
	중국 기예	중국 기예단 공연	운동장)
	한중 가수쇼	한중 유명한 닮은꼴 가수를 한자리에...	
	동구야 놀자!	각 동 주민자치회 프로그램 경연대회(제20회 동구 문화놀이 한마당)	
9.27~9.28 (거리공연)	용 퍼레이드(15:15~16:00 / 차이나타운 일원) 중국기예공연, 시즈공연(K-POP), 얼후연주(중국악기), 색소폰, 난타, 추억의 통기타, 축제 마스코트 인형공연 등		차이나타운 축제장 일원(3개소)
9.26~9.28 (시민체험)	풍선아트·네일아트 무료체험, 천연비누 만들기, 풀잎공예 체험, 불어라 희망바람, 소망 바람개비 만들기 무료체험(초록우산 어린이재단 부산종합사회복지관)		화교소학교
9.26~9.28 (체험/전시/판매행사)	〔차이나타운 일원〕 - 홍등의 물결 '홍등터널' 디스플레이: 5,000여 개 홍등 설치 ※ 용퍼레이드(번영을 기원하는 중국전통 지신밟기) 〔화교중고교 운동장〕 - 중국문화 체험 및 특산품 전시홍보(중국유학생 체험전) 〔화교중고교 기숙사 운동장〕 - 먹거리장터 '맛있다해' 운영 〔상해문 및 페루광장 일원〕 - 주부산중국총영사관 주관 「중국문화체험전」(경극분장, 종이접기, 결편만들기 등 무료체험) - 초량시장 어묵시식, 수제한과 만들기 - 이바구공작소 홍보(전통놀이체험), 자생단체 특산품 홍보판매 - 축제캐릭터 및 관광상품 전시홍보 및 판매, 차이나타운 내 업소별 특색 있는 중국상품(음식) 홍보판매(판매대 통일)		차이나타운 특구 일원(화교중고교 페루광장 상해문일원)
9.26~9.28 (부대행사)	- 한중우호센터 운영: 중국문화(전통의상체험), 다문화(나라별 전통의상·음식체험) - '화교 이바구뎐'(이바구공작소), 차이나 시네마(수정극장) - 장기려 기념 '더나눔' 축제연계 운영: 장터 더나눔 운영 - 김민부 전망대 축제연계 운영: 시화 및 사진전, 전통놀이체험, 기다리는 마음 벽 운영(그리운 사람에게 보내는 사연 매달기)		초량 이바구길 등 동구 일원

4. 부산 차이나타운의 문화와 혼종성

1) 화교인의 지위와 정체성 인식

대만의 국민당 정부는 불안정한 국제적 지위 속에 전 세계 화교들의 지지를 통해 국가 정통성을 확보하고자 교무위원회나 국민당 산하의 교민 복무위원회 등의 조직을 통해 화교를 정치적으로 통합하는 데 주력하였다. 반면 중국은 문화혁명 이후 해외이민에 대한 탄압으로 화교들과의 교류채널이 단절되었으며, 귀국 화교나 화교 가족들에 대한 차별과 억압이 이루어졌다. 하지만 개혁개방 이후 화교들의 자본 투자의 필요성이 제기되면서 1991년 귀국 화교나 화교 가족들에 대한 국가차원에서 화교보장법을 채택하였으며, 1994년 중화전국 귀국화교 연합회 산하에 8,000개 조직들이 형성될 정도로 정부와 화교들의 관계가 확대되었다.

한국에서도 화교들을 포섭하기 위해 중국 대사관이 같은 동포임을 강조한 포섭전략을 사용하여 화교인에 대한 보장을 확대하였다. 또한 중국 대사관은 한국 내에서 화교들의 지위향상에 대해 깊은 관심을 표하면서 화교의 국가적 지위를 보장하기 시작하였다.[22]

부산에 거주하는 중국인은 태생은 한국, 국적은 대만이기 때문에 정체성의 혼란을 겪을 가능성이 있는지 살펴보았다. 따라서 "중국인이라고 생각한다"라는 질문에 대해 84명(73.7%) 대다수가 그렇다고 응답하였으며, 20명(17.5%)은 '보통이다', 10명(8.8%)은 '그렇지 않다' 순으로 나타났다.

화교 2세 곡ㅇ정은 인터뷰에서 다음과 같이 말했다.

"부모님이 공산당이 중국에 쳐들어왔을 때 산동반도에서 한국으로

---

22 김기호 , 전게 논문, p75

피난 왔죠. 여기 있는 사람들 다 산동 사람이고 국적은 대만입니다. 부모님들이 어떻게 피난 왔는지 그 역사를 다 알죠. 한국에서 태어난 아이들도 부모세대들이 어떻게 피난 왔는지 크면서 알고 있을 거예요. 다 압니다.

나는 중국인이에요. 중국인인지 한국인인지 헷갈린 적 없어요. 지금은 다문화사회니까 국적 자체에 신경 안 써요."

표 3.7 정체성 인식

항 목	그렇다	보통이다	그렇지 않다
중국인이라고 생각한다	84(73.7%)	20(17.5%)	10(8.8%)

2) 중국인의 민속문화와 정체성

(1) 중국 전통 민속문화의 유지·계승

화교화인의 민속문화 생활에 대한 분석을 통해서 집거지에서의 모국의 전통문화의 유지와 계승에 따른 자국문화의 의식도를 판단할 수 있다.

첫째, 설날, 대보름, 단오, 추석, 동지, 라바 그리고 청명절 등 다양한 민속명절을 지내고 있다. 부산화교들의 가정에서 명절의 유지와 보존이 이루어지고 있는지 살펴보기 위해 "가정 내에서 중국 민속 명절을 지내느냐"는 질문에 76%가 설날을 보낸다고 응답하였고, 대보름은 73%, 단오는 68%, 추석은 65%, 청명절은 58%, 동지 그리고 라바의 순으로 나타났다. 하지만 전체 응답자 114명 중에서 17명(14.9%)은 어떤 명절도 거주지에서

표 3.8 중국 전통풍속 제사

항 목	중국 전통풍속 제사 계승		
	지킨다	지키지 않는다	모른다
빈도(114명)	90	14	10
비율(100.0%)	78.9	12.3	8.8

보내지 않는다고 응답하였다.

둘째, 가정에서 전국 전통풍속인 제사, 돌잔치, 결혼잔치, 회갑잔치, 성묘, 세배 그리고 성주신 등의 풍속을 지키고 계승하는지 살펴보았다. 78.9%의 응답자가 가정에서 제사를 지키고 있다고 응답하였고 지키지 않거나 모른다고 응답한 비율은 21.1%에 불과하여 대부분의 화교화인이 가정에서 제사, 잔치 등의 중국 전통을 가정에서 지키고 있다고 인터뷰에서 밝혔다.

또한 돌잔치는 65.8%, 중국식 결혼잔치는 70.2%, 회갑잔치는 70.2%, 성묘는 68.4% 그리고 세배는 68.4%의 응답자가 지켜가고 있었다. 하지만 가정에서 성주신을 모시는지에 대해서 36.8%는 지킨다고 응답하였고, 46.5%는 지키지 않는다고 응답하였고 16.7%는 모른다고 응답하였다. 이러한 결과를 통해서 다양한 전통풍속 등이 있지만 집거지에서의 생활상에 반영되는 결혼, 회갑, 세배, 제사 등은 대체로 잘 지키고 있는 반면 성주신에 대해서는 의식이 점점 약해지고 있었다.

초량에 거주하는 화교 2세대인 곡○정과 공○부의 인터뷰에서는 이렇게 얘기했다.

> "민속명절이 간소화되면서 많이 보내진 않습니다. 그래도 춘절, 단오절, 청명절 그리고 제사는 꼭 지냅니다. 꾸어니엔 전날에 조상 모시고 15일 동안 향 피우고 집에서 지냅니다. 보름에 등불 갖다 놓고 조상님들 가시는 길 불 밝히라고요. 지금은 바뀌었어요. 후레쉬 갖다 놔요. 근데 지금은 간소화된 게 많아요."

〈사진 3.19〉는 부산 차이나타운에서 거주하는 화교상인회 회장인 화교 2세대 곡○정 회장의 모습이다. 그는 그의 집 내부에 사당을 만들어 매일 향을 피우고 제를 올린다고 하였다. 하지만 가정에서 이런 사당을 모시

사진 3.19 화교상인회 회장

는 화교는 그리 많지 않다고 했다. 〈사진 3.20〉은 가정에 마련한 사당에서 제를 올리는 모습이다.

하지만 전통적인 불교문화하에서 전통문화와 제사를 지켜왔지만 종교가 다양화되면서 제사 등의 문화가 없어지고 있는 것도 사실이다. 아래는 초량 차이나타운의 화교 2세 의○주는 다음과 같이 말했다.

"우리 아버지, 어머니 계실 때는 설날 때마다 할아버지 제사를 지내고 했어요. 아버지 돌아가시고 내 세대가 돌아왔잖아. 나는 기독교를 믿어요. 집에서 제사는 안 하고 단지 산소 가는 거, 그 풍속만 남은 거지. 기본적으로 동전도 태우고 향 정도 피우는 정도지. 우리 아버지 같

사진 3.20 가정 내 사당에서 제를 올리는 모습

은 경우는 세배를 했는데 지금은 그것도 없어진 거지. 지금은 이런 집안이 태반이야. 하지만 전통 불교문화에서는 가정에서 전통풍속을 지내는 집이 아주 많아요."

셋째, 민족문화 생활에서 흔히 즐기는 중국 전통민속 놀이는 다양하다. 그중에서 룽죠우, 사자춤, 마작, 지엔즐, 춘미엔 등이 대표적인 민속놀이이며 이러한 민속놀이를 해본 적 있는지를 알아보았다. 가장 흔하게 즐기는 놀이문화는 춘미엔으로 36.8%의 응답자가 해본 적 있다고 대답했다. 그리고 중국의 대표적인 놀이문화인 마작은 35.1%가 해본 적이 있다고 응답하였으며, 룽죠우 21.9%, 사자춤 21.9% 그리고 지엔즐은 18.4%가 해본 적 있다고 응답하였다.

이와 같은 설문조사 결과를 요약해 보면, 부산 차이나타운의 화교화인은 중국 전통문화와 놀이에 대해서 그 명맥을 유지하고 집단에서의 문화로 형성해 오는 것으로 나타났다.

넷째, 중국 전통의 의상은 의복이면서 민족 정체성을 표출하는 수단이기도 하다. 화교화인은 모국을 떠나 타국에서 생활하면서 전통적인 의복을 착용하는지에 대해서 알아보았는데, '지금까지 입은 적이 없다'가 28.9%, '지금까지 한두 번'이 35.1%로 대부분의 화교들은 생활 속에서 중국 전통의상을 입지 않는 것으로 나타났다.

전통의상을 언제 착용하는지에 대해 '중국의 날'이 31.6%로 가장 많았

표 3.9 중국 전통의상의 착용 여부

항 목	중국 전통의상 착용 정도				
	입은 적 없음	지금까지 한두 번	1년에 한두 번	행사 때 자주	항상
빈도(114명)	33	40	28	5	8
비율(100.0%)	28.9	35.1	24.6	4.4	7.0

표 3.10 한국 전통의상 착용 경험

항 목	한국 전통의상 착용 경험 유무			
	입은 적 없음	지금까지 한두 번	1년에 한두 번	행사 때 자주
빈도(114명)	53	51	8	2
비율(100.0%)	46.5	44.7	7.0	1.8

다. 그다음으로 '명절'이 25.4%, '제사'가 12.3% 그리고 '결혼식 등의 행사'가 8.8%로 응답하였다. 역시 '기타'가 35.2%로 높게 나타났다. 이와 같이 화교 상인회 회장인 화교 2세 곡○정은 다음과 같이 답변하였다.

"전통복을 잘 안 입어요. 어떤 옷이 편하면 되는 거잖아요. 전통복이 있긴 있어요. 근데 잘 안 입어요."

다섯째, 부산에 거주하는 화교화인은 가정에서 한국의 민속명절에 대해서 '설날'은 36%, '추석'은 26.3%가 지낸다고 응답하였다. 또한 '대보름', '단오', '청명절' 등은 중국 민속명절과 별다른 차이가 없다고 응답하였다.

또한 한국 전통의상을 "입어본 적 없다"가 46.5%로 나타난 데 반해 53.5%가 최소한 한 번 입어본 적 있는 것으로 나타났다. 이러한 내용을 통해서 화교화인은 거주국에서 생활하면서 모국의 문화를 계승하면서 거주국의 문화를 인정하고 받아들이고 있다는 것을 알 수 있었다.

(2) 중국 전통문화와 민족정체성의 형성

민족의 혈연적 공통성 및 자긍심은 언어 풍속 및 심리적 일체감 등 민족문화의 특성을 보존하고 계승 발전시키는 바탕이 되며 뿌리 깊은 민족의식을 자각하게 하는 전제 조건이라 할 수 있다. 또한 사회 지위와 직업은 화교들의 긍지감에 직접적인 영향을 미치는 요인이다. 사회적 지위가

표 3.11 중국민족의 이미지 제고

항 목	그렇다	그렇지 않다
중국 전통문화가 화교민족의 자긍심을 제고시킨다	84(73.7%)	30(26.3%)
중국 전통문화가 화교민족의 이미지를 제고시킨다	106(93.0%)	8(7.0%)
중국 현대문화가 민족의 자긍심을 제고시킨다	109(95.6%)	5(4.4%)
중국 현대문화가 민족의 이미지를 제고시킨다	102(89.5%)	12(10.5%)

표 3.12 중국과 중국문화의 중요성

항 목	중국과 중국문화의 중요성		
	그렇다	보통이다	그렇지 않다
중국의 문화가 더 중요하다고 생각한다	96(84.2%)	13(11.4%)	5(4.4%)

높을수록 직업이 좋을수록 긍지감도 높아졌다.

첫째, "중국의 전통 민속문화가 화교민족의 자긍심 향상에 기여할 것인가"라는 질문에 부산화교들은 전체 114명 중에서 73.7%가 자긍심 제고에 기여할 것으로 응답하였다. 또한 "현대 중국문화가 민족의 자긍심을 제고시키는 데 기여할 것인가"라는 질문에는 95.6%가 기여할 것으로 응답하였다. 이처럼 중국의 전통 민속문화와 현대문화는 중국민족의 역사성을 표출할 뿐만 아니라 중국인으로서의 정체성 정립에 주요한 역할을 하는 것을 알 수 있다.

부산 차이나타운의 상인회 회장인 곡ㅇ정은 중국 전통민속문화에 대한 중국인으로서의 자긍심에 대해서 이렇게 대답했다.

> "중국인이니까 중국문화 그대로를 유지해야 한다. 옛날이나 지금이나 똑같이 그대로 지키는 게 맞죠."

둘째, 중국인으로서의 정체성과 중국문화의 전통성에 대해 살펴보면 화교화인들은 스스로 중국문화와 역사에 대한 애정을 갖고 있었다. 중국의 전통문화에 대해 어떻게 생각하는지 살펴보았다. "중국의 문화가 더 중요하다"에 대해서 4.4%만이 그렇지 않다고 답한 반면에 상당수가 그렇게 생각하고 있었다.

이처럼 화교화인으로서 중국과 중국문화에 대한 정체성이 후세에까지 영향을 미치고 있었다. 또한 초량에서 거주하는 화교 2세 의○주의 답변이다.

> "생활상의 편의를 위해서 국적을 바꾸면 편하잖아요. 한국 사람이 되는 것보다는 내가 한국에서 태어났고 내 뿌리가 여기니까 이렇게 생각해야 돼. 옛날에는 아니었는데 지금은 바꾸고 싶어. 내가 이런데 우리 자식들은 어떻겠어. 아직까지는 중국 국적인데 딸은 시집가니까 뭐 상관없고. 3세대는 자기 몫이야. 강요하지는 못하고 스스로 알아서 해야지. 자기 뿌리를 찾고 싶고 배우고 싶고 그러면 자기가 충실해야지. 그 대신 이렇게 이렇게 해왔다고 밥 먹을 때 시간만 있을 때 중요성을 얘기해 줄 뿐이지."

또한 "중국으로 돌아가서 살고 싶다"라는 질문에 80.7%가 그렇다고 응답하여 모국에 대한 귀속본능이 강하게 나타났다.

셋째, 화교화인으로서 귀속의식과 민족적 의식에 대해서 살펴보면 "강한 귀속의식을 가진다"에 71.1%가 그렇다고 응답한 반면 8.8%만이 그렇지 않다고 하였다. 그리고 "화교화인에 대해 자주 이야기한다"에 67.5%가 그렇다고 응답한 반면 7.9%만이 그렇지 않다고 응답하였으며, "화교화인의 일원인 것에 자부심을 가진다"에 75.4%가 그렇다고 응답하여 부산에 거주하는 화교화인은 스스로 중국인으로서 강한 귀속의식과 자부심을 갖고 있는 것으로 조사되었다.

표 3.13 모국으로의 재이주

항 목	모국으로의 재이주 희망 정도		
	그렇다	보통이다	그렇지 않다
언제든 중국으로 돌아가 살고 싶다	92(80.7%)	16(14.0%)	6(5.3%)

표 3.14 귀속의식과 민족 정체성

항 목	그렇다	보통이다	그렇지 않다
화교화인에 대한 강한 귀속의식을 가진다	81(71.1%)	23(20.2%)	10(8.8%)
화교화인에 대해 자주 이야기한다	77(67.5%)	28(24.6%)	9(7.9%)
화교화인의 일원인 것에 자부심을 가진다	86(75.4%)	18(15.8%)	10(8.8%)

초량 차이나타운에서 중국 요리집을 운영하는 화교 2세 의○주는 "중국인은 굉장히 보수적이에요. 중국인들끼리 굉장히 잘 모이고 참여도가 높아요"라고 할 정도로 중국인으로서의 귀속의식이 강하다고 하였다.

부산 차이나타운의 화교들은 강한 민족 정체성을 가지고 있었다. 하지만 집거지에서의 생활 속에서 귀화에 대한 인식의 변화도 찾아볼 수 있었다. 화교 2세 의○주는 이렇게 말했다.

> "한국에 사는 화교들이 국적을 많이 바꿔요. 대만 가도 인정 안 받고 중국가도 인정 안 받으니까. 기왕에 한국에서 뿌리내렸으니까 대한민국 국적을 가진 2세도 많아요. 경제적, 사회적 활동 문제 때문에 많이 바꿔요. 옛날에는 한국인하고 결혼했다면 이상하게 눈총 받을 정도로 보수적이었지. 근데 세월이 지나면서 시집 장가 가고 하면서 바뀌었어요. 우리 딸도 한국 사람하고 결혼할 건데. 옛날 1세대 때 같으면 있을 수 없는 일이었지.
>
> 나도 한국으로 귀화할 거야. 한국 국적을 가지고 있으면 편하거든. 국적만 한국으로 바꾸는 거지. 나는 그래도 중국인이거든."

넷째, 생활 속의 중국문화의 유지와 계승상태를 살펴보면 "중국음식을 자주 해 먹는다"에 65.8%가 그렇다고 응답하였으며, "중국 요리를 잘 할 수 있다"에 67.6%가 그렇다고 응답하였다. 실제로 일본음식이나 외국음식보다 "중국음식이 더 좋다"에 71%의 응답자가 '그렇다'고 응답한 반면 9.6%만이 '그렇지 않다'고 응답하여 대조적인 반응을 보였다. 중국음식을 더 좋아하는 1세대가 85.7%인 데 반해 2세대는 65.5%, 3세대는 75%로 중국음식에 대한 선호도가 낮아지고 있었다.

또한 71%의 응답자가 "더 많은 중국요리를 배우고 싶다"고 응답하였는데, 세대별로 살펴보면, 1세대는 14.3%, 2세대는 27.6%, 3세대는 33.3% 그리고 4세대는 27.3%가 '그렇지 않다'고 응답하여 1세대보다 중국요리를 배우고 싶어 하는 인식이 비교적 약화되었다. 앞에서 살펴보았듯이, 차이나타운에서는 중화 요리점, 중국 식자재 상점과 점포가 즐비하기 때문에 손쉽게 식자재와 식재료를 공급받을 수 있기 때문에 중국 고유의 음식문화가 유지되고 계승될 수 있는 환경 때문에 생활 속에서 중국의 음식문화가 유지되고 계승되고 있다는 것이 조사되었다.

하지만, 한국에서 태어난 화교 2, 3세대로 한국문화와 중국문화를 수용하는 과정에서 1세대에 비해 많은 변화가 나타났다. 아래는 화교 3세인 곡○지의 인터뷰 내용이다.

> "집에서 중국음식도 한국음식도 자주 해 줘요. 근데 중국음식보다 한국음식이 더 맛있어요. 중국음식은 기름이 너무 많고 느끼해서 이상해요. 한국음식은 기름기 없고 세계인들이 먹을 수 있는 음식인 거 같아요. 한국음식은 10개 정도 할 수 있고 중국음식은 한두 개 정도 할 줄 알아요."

그리고 중국의 춤과 노래를 생활 속에서 유지하고 있는지를 살펴보았다. 먼저 "주로 중국의 노래를 듣고 부른다"에 대해 67.6%가 '그렇다',

25.4%는 '보통이다'라고 응답하였고 7%만이 그렇지 않다고 응답하였다. 그리고 "중국의 노래와 춤을 많이 알고 있으며 좋아한다"고 생각하는지에 대해 64.9%가 '그렇다'고 응답하였으며 22.8%는 '보통이다'라고 응답하여 대부분의 응답자가 중국 노래를 자주 듣는 것으로 나타났다.

중국의 생활예절을 한국에서 잘 지키고 유지하고 있는지에 대해서 74.5%의 응답자가 잘 실천하고 있다고 응답하였으며, 또한 "중국의 생활예절을 잘 알고 있다"에 대해 74.5%가 잘 알고 있다고 조사되었다. 이러한 설문 내용을 통해서 차이나타운의 화교화인은 이주자로서 전통의 예절을 잘 알고 또한 생활 속에서 잘 실천해 나가고 있다고 나타났다. 이는 타국에서의 사회, 경제적 활동에서도 전통의 민족의식이 강하게 나타나고 있음을 의미한다.

이러한 인터뷰의 내용을 보아, 본국인 중국에 대한 자부심이 매우 높았으며, 중국 국적에 대한 강한 자부심을 가지고 있다는 것을 보여주었다. 이는 중국인으로서 강한 정체성을 가졌다는 것을 의미하며, 부모의 영향을 받은 구화교와 체류기간이 짧은 신화교의 특성이 반영된 결과라고 판단된다. 요컨대, 부산 초량에 거주하는 화교 2세, 3세들은 정체성 인식에 있어서 국적과 본적은 한국이 아니지만 한국인과 마찬가지라는 인식을 가지고 한국에 대한 강한 애착을 가지는 것으로 나타났다. 하지만 신화교는 체류기간이 짧은 특성에 의해 중국인으로서의 강한 자부심과 정체성이 높다는 특징이 나타났다.

표 3.15 생활예절에 대한 민족성

항 목	그렇다	보통이다	그렇지 않다
중국의 생활예절을 잘 실천하고 있다	85(74.5%)	22(19.3%)	7(6.1%)
중국의 생활예절을 잘 알고 있다	85(74.5%)	22(19.3%)	7(6.1%)

3) 공동체적 네트워크

첫째, 한국 내 화교인 간의 교류 정도를 살펴보면, 자신이 거주하고 있는 현지에서 관련 단체와 조직과의 활동을 통해서 그들만의 공동체적 네트워크를 형성해가고 있다. 한국에서 거주하는 중국인의 공동체적 네트워크를 통해서 문화공동체 정도를 살펴본다. 우선 한국에 있는 중국인 단체나 조직과 항상 연락을 하는지에 대한 질문에 81.6%가 그렇다고 응답하였다.

둘재, 한국 내 화교화인 단체나 조직에 참가 여부를 살펴보았다. 타국에서 소수자가 그들의 생존과 유지를 위해 민족적 유대감을 기준으로 모여서 활동하기 마련이다. 현재 한국의 화교화인은 구화교와 신화교가 복합적으로 융합되어 있는 상황에서 화교단체 활동의 참가 여부는 민족적 공동체에 대한 의식을 이해하는 데 도움이 된다. 〈표 3.17〉에서 보듯이, 부산 차이나타운의 화교화인이 참가하는 단체 조직의 유무에 대해서 58명(50.9%)이 '없다'고 했고 56명(49.1%)은 '있다'고 응답하였다. 이 조사를 통해서 아직까지 공동체의 필요성을 느끼고 있다는 것을 알 수 있었다.

셋째, 부산에서 거주하는 화교화인 간의 단체와 조직에 참여하여 활발하게 활동하는 56명의 응답자 중에서 13명(23.2%)은 1개, 29명(51.8%)은 2개, 12명(21.4%)은 3개 그리고 2명(3.6%)은 4개라고 응답하였다.

넷째, 온라인 · 오프라인상의 네트워크의 필요성에 대해 살펴보면, 오프라인상의 공동체 외에 온라인상에서 문화 네트워크를 살펴보고자 모국

표 3.16 화교 네트워크

항 목	그렇다	그렇지 않다	모른다
한국에 있는 중국인 단체/조직과 항상 연락	93(81.6%)	18(15.8%)	3(2.6%)
중국인이나 중국 단체와 항상 적극적으로 교류	104(91.2%)	7(6.2%)	3(2.6%)

표 3.17 화교화인 단체/조직 참여 여부

항 목	화교화인 단체/조직 참여 여부	
	없다	있다
빈도(114명)	58	56
비율(100.0%)	50.9	49.1

표 3.18 화교조직 참여 개수

항 목	화교조직 참여 개수			
	1개	2개	3개	4개
빈도(56명)	13	29	12	2
비율(100.0%)	23.2	51.8	21.4	3.6

의 인터넷 사이트를 사용하는지에 대한 질문에 85.9%의 응답자가 사이트를 이용하고 있는 것으로 나타났다. 또한 중국인과의 소통을 위해 관련 인터넷 사이트 구축이 필요하다고 느끼는 90.3%의 응답자가 인터넷 사이트의 다운로드를 통합 온라인상의 네트워크 구축의 필요성이 중요하다고 보았다.

화교인 간의 교류와 교류를 위한 인터넷 사이트의 구축이 필요하다고 느끼지만 실제로 중국인 단체에 참여하는 응답자는 많지 않았다. 아마도 한국에서의 거주기간이 장기간이 되고 문화적 사회적으로 적응해가면서 화교단체에 가입하는 비율이 낮은 것으로 볼 수 있다.

4) 민족공동체의 만족도

첫째, 한국 내 부산화교들이 참여하는 단체에 대해서 살펴보면 36명(31.6%)은 '자치단체의 다문화센터'로 가장 많았으며, 20명(17.5%)이 '동창회', 14명(12.3%)이 '향우회', 12명(10.5%)이 '자치단체의 국제교류회' 순으로 비교

표 3.19 참여활동 단체

참여활동 단체		
항목	빈도(56명)	비율(100.0%)
자치단체의 국제교류회	12	10.5
자치단체의 다문화센터	36	31.6
공공기관의 클럽활동	3	2.6
유치원/학교 부모회	5	4.4
NPO등 봉사단체	5	4.4
출신학교 동창회	20	17.5
출신지역 향우회	14	12.3
교회단체	1	0.9
종교단체	1	0.9
학생조직	3	2.6
기업협회	3	2.6
기타	11	9.6

적 많았다. 그 외에도 봉사단체, 종교활동 단체, 부모회 등이 있었다.

그리고 위의 표에서 가장 도움이 되는 활동 중에서 36.1%가 '자치단체의 다문화센터'로 응답했으며, 그다음으로 '출신학교 동창회'가 17.5%, '향우회'가 12.3%로 나타났다.

둘째, 참여하는 단체나 조직에서 도움을 받은 경험이 있는지 있으면 누가 가장 도움을 많이 받는지 살펴보았다. '협회나 단체의 구성원'이 39명(34.2%)으로 가장 많았고, '친척과 가족'이 26명(22.8%), '종교활동 동료'가 14명(12.3%), '학교 동창'이 13명(11.4%), '동향인'이 10명(8.8%) 순으로 도움을 받은 것으로 나타났다.

표 3.20 단체로부터 도움을 받은 주변인

참여활동 단체		
항목	빈도(114명)	비율(100.0%)
친척과 가족	26	22.8
협회나 단체의 구성원	39	34.2
동향인	10	8.8
학교동창	13	11.4
교회 목사나 신부	2	1.8
같은 종교의 동료	14	12.3
회사 동료	1	0.9
기타	9	7.9

셋째, 화교화인 단체와 관련해서 얼마나 자주 참여하는지를 살펴보면 51명(44.7%)이 '거의 참여하지 않는다'로 가장 많았으며, 33명(28.9%)이 '보통', 19명(16.7%)이 '전혀 참여하지 않는다', 9명(7.9%)이 '자주 참여한다', 2명(1.8%)이 '매우 자주 참여한다' 순으로 나타났다.

표 3.21 화교단체 참여 정도

항 목	화교단체 참여 정도				
	전혀	거의	보통	자주	매우 자주
빈도(114명)	19	51	33	9	2
비율(100.0%)	16.7	44.7	28.9	7.9	1.8

넷째, 화교단체 및 활동에서의 만족도를 살펴보면 45명(39.5%)이 '보통'이라고 응답하였으며 그다음으로 32명(28.1%)이 '불만족', 24명(21.1%)이 '만족' 순으로 나타났다. 이 내용을 종합해 보면, 45명(39.5%)이 '보통'인 데 반해 37명(32.5%)이 '불만족'한다고 응답하였고 32명(28.1%)이 '만족'한다고 응답하였다.

표 3.22 화교단체 만족도

항 목	화교단체 만족도				
	매우 불만족	불만족	보통	만족	매우 만족
빈도(114명)	5	32	45	24	8
비율(100.0%)	4.4	28.1	39.5	21.1	7.0

다섯째, 한국에서 조직이나 단체활동에 참여하지 않는 이유를 살펴보면 51명(44.7%)이 '별로 하고 싶지 않다'고 응답한 수가 가장 많았다. 그다음으로 20명(17.5%)이 '마땅한 게 없다', 17명(14.9%)은 '도움이 안 돼서', 14명(12.3%)은 '시간이 없어서', 12명(10.5%)은 '화교화인 사회 갈등 때문'으로 조사되었다.

표 3.23 단체활동 불참 이유

항 목	단체활동 불참 이유				
	시간 없음	도움 안 됨	별로 하고 싶지 않음	화교화인 사회 갈등	마땅한 게 없음
빈도(114명)	14	17	51	12	20
비율(100.0%)	12.3	14.9	44.7	10.5	17.5

5) 한국인과의 친밀도와 정책인식

첫째, 부산 화교화인들이 한국인과의 관계와 교류 정도를 알아보기 위해 한국인 및 외국인들과의 모임은 몇 개에서 활동하느냐는 질문은 '없다'가 44명(38.6%), 2개와 3개가 각각 25명(21.9%), 1개가 16명(14.0%) 그리고 4개 이상이 4명(3.5%) 순으로 타민족과의 사회적 네트워크 및 관계의 확장을 위해 다양한 단체 및 활동에 참여하고 있는 것으로 나타났다. 이와 관련해서 초량 차이나타운에 거주하는 곡○정 씨의 인터뷰를 살펴보면 다음과 같다.

"옛날에는 했지요. 지금도 초량에 중국인만 하는 게 아니라 초량에 있는 모든 상가의 중국인, 한국인, 러시아인 등 상가 변영회 전부 다입니다. 옛날에는 구청의 추진 위원회, 발전위원회 등 일 많이 해요. 다 같이 살아가는 거죠."

둘째, 한국이주(유학/사업/기타) 생활에 대한 만족도를 알아본 결과 71명(62.3%)이 '보통'이라고 응답하여 가장 많았다. 그리고 21명(18.4%)이 '불만족', 19명(16.7%)이 '만족', 2명(1.8%)이 '매우 불만족', 1명(0.9%)이 '매우 만족' 순으로 나타났다.

표 3.24 타민족 단체 참여 개수

항 목	타민족 단체 참여 개수				
	없다	1개	2개	3개	4개 이상
빈도(114명)	44	16	25	25	4
비율(100.0%)	38.6	14.0	21.9	21.9	3.5

표 3.25 한국이주 생활의 만족도

항 목	한국이주 생활의 만족도				
	매우 불만족	불만족	보통	만족	매우 만족
빈도(114명)	2	21	71	19	1
비율(100.0%)	1.8	18.4	62.3	16.7	0.9

표 3.26 한국의 화교정책 인식

항 목	그렇다	그렇지 않다	모른다
한국 정부는 화교인에게 필요한 정보를 충분히 제공하고 있다	96(84.2%)	13(11.4%)	5(4.4%)
한국의 화교 취업지원 프로그램이나 정책에 대해서 잘 알고 있다	95(83.3%)	15(13.2%)	4(3.5%)

셋째, 한국 정부가 화교화인들에게 필요한 정보를 충분히 제공하는지에 대한 질문에 84.2%가 그렇다고 대답하였으며 한국의 화교화인 정책과 지원 프로그램에 대해서 잘 알고 있다고 83.3%가 응답하였다. 이와 같은 내용에 따라서 중국인 간의 단체뿐만 아니라 거주지에서의 현지인과의 활발한 관계형성을 하고 있으며 이를 위한 다양한 지원정책에 대해서 적극적으로 알고 이용하는 것으로 보아 거주지에서의 적응과 동화가 되어가고 있는 것으로 보인다.

구화교들에게 화교에 대한 한국의 정책과 지원들에 대해 어떻게 생각하는지 물어보았다. 아래는 화교 2세인 의○주, 인터뷰 당사자들의 답변이다.

> "은행에서도 내 이름인 의○주로 사용하고요. 모든 행정업무에서도 한국 이름으로 모든 일이 처리되고 있어요. 영주권자로 대통령 선거나 국회의원 선거에는 참여 못 하지만 지방선거에는 참여해요.
>
> 예전에 미국으로 재이민 가서 그린카드 받았던 친구들도 이제는 날 부러워해요. 한국이 얼마나 편하고 살기 좋은데요."

조사에 따르면, 한국 정부의 다양한 정책과 지원혜택은 예전보다 개선된 것으로 인식되고 있으며, 그 결과 한국 정부에 대한 우호적이고 긍정적인 인식과 한국에서의 거주에 대한 만족감을 갖고 있었다.

6) 화교학교와 언어적 동질성

언어란 함께 살아가는 공동체 구성원들끼리 지적으로 상호 의사소통을 할 수 있도록 관습화된 기호들이다(Brown. 2000). 다른 나라에 살고 있더라도 그들만의 동일한 언어를 사용하여 의사소통을 할 수 있다는 것은 같은 민족으로서의 자긍심과 동질성을 느낄 수 있다. 또한 동일한 언어의 사용은 근본적으로 사회화와 관련되어 있다. 언어는 사고를 조직화하고 사회적 관계를 형성하기 때문에 동일한 언어를 사용하는 사람이나 사회적 집단은 언어를 통해 내부적 결속력을 강화할 수 있다.

화교학교는 그 사회의 이념과 구성원들의 정체성을 재생산하는 데 중요한 역할을 하는 공간으로 "화교교육이 없으면 화교사회가 없다(無僑教卽無僑社)"는 말은 화교사회에서 화교학교가 차지하는 비중을 잘 말해주고 있다(김성주·김범준 2011:215). 또한 화교학교의 교육 과정이 한국의 교육제도 안에서 공식적으로 인정되지 않았음에도 불구하고 화교들이 그들의 자식들을 굳이 화교학교로 보내려고 하는 이유는 자녀들이 그들의 문화적 동질감을 잃지 않고 자신이 속한 민족과 문화에 대한 자부심을 갖게 하기 위한 것이었다. 화교학교 선생 역시 그들의 문화적 배경의 우수성을 학생들에게 항상 일깨워주어야 했다.[23] 1953년 이전에는 각 소학교가 위치해 있는 지역에서 선생으로 자격이 있다고 판단되는 사람을 교사로 채용하였다. 그러다 후에는 타이완 정부의 교민위원회의 협조를 얻어 타이완 교사자격시험에 합격한 선생들을 한국으로 초청하였다.

연구 대상자들의 모국어 인식을 알아보기 위해 집에서 중국어를 사용하는지에 대한 질문에서 92.7%만이 그렇다고 대답한 반면, 7.4%의 응답자는 집에서 한국어를 사용한다고 응답하였다. 또한 시를 쓴다면 한국어보다 중국어로 쓰는 것이 좋은지에 대해 71%가 그렇다고 응답하였다. 그리고 중국어로 생각한 것처럼 한국어로도 생각할 수 있냐는 질문에 64%가 그렇지 않다고 대답하였다. 이러한 결과에서 화교화인은 한국에서 거주하면서 생활 깊숙한 곳에서 중국어를 사용하고 중국어를 지키고자 하는 민족적 자긍심을 알 수 있었다.

한국화교는 중국문화를 높게 평가하는 경향이 강하게 나타났다. 심지

23 노혜진, "차별과 타자화 속의 한국화교의 정체성: 광주지역 화교를 중심으로", 전남대학교 대학원 석사학위논문, 2012, pp. 33-34.

어 중화주의적 태도가 나타나기도 한다. 화교학교 선택 이유에 대한 인터뷰에서 대부분의 화교들은 중국문화가 역사가 유구하고 학문이 넓고 깊어 중국 사람은 당연히 중국문화에 대한 교육을 받아야 한다고 응답하였다. 일상생활에서 화교들은 한국문화와 생활방식을 점점 받아들이고 있었지만 그들의 중국문화에 대한 자긍심이 감소하지는 않았다. 화교가 비싼 수업료를 내더라도 화교학교 교육을 선택하는 것이 바로 그들의 중국문화에 대한 긍지를 반영한다. 한국화교는 생활상에서 한국사회를 받아들이고 적응하면서 또 자신의 특색을 지키는 비동화 상태를 유지하고 있었다.

7) 부산화교의 문화접변

화교 3세대 젊은이들과 부모세대 사이의 가장 큰 차이점은 중국 본토에 대한 애착이다. 화교 2세 역시 한국에서 출생하여 성장하기는 했지만, 중국에서 직접 이주해 온 부모들로부터 고향과 친척들에 대한 이야기를 들으면서 중국 본토가 자신들의 고향이라는 인식을 가질 수 있었다. 한중화교 이후, 화교 3세들 역시 중국을 경제적 기회의 땅으로 여기게 되었지만 부모세대처럼 고향이나 친척들에 대한 애착이 강한 것은 아니다. 또한 대만식 교육을 받았고 화교학교에 다닐 때 대만에 대한 애국심과 자긍심이 있었지만 국가의식은 현실적인 상황에서 점차 희석되어 가고 있다.

첫째, 부산화교들이 거주지에서의 얼마나 동화되어 가는지를 살펴보았다. "중국인들과 한국인들과 잘 어울린다"는 질문에 대해서 48.3%가 '그렇지 않다'고 생각하고 있으며 27.1%가 '그렇게 생각한다'고 응답했다. "중국인보다 한국인이 나를 더 잘 이해하는 것 같다"란 질문에 대해서도 48.2%가 그렇지 않다고 응답하였으며 "중국인보다 한국인과 교제하는 것이 더 편하다"에 대해 30.7%의 응답자가 '그렇다'고 대답한 반면 47.4%가 '그렇지 않다'고 대답하여 민족적 공감대가 강하게 형성되어 있었다. 직장

표 3.27 동화 정도

항 목	그렇다	보통이다	그렇지 않다
중국인들보다 한국인들과 더 잘 어울린다	31(27.1%)	28(24.6%)	55(48.3%)
중국인보다 한국인이 나를 잘 이해하는 것 같다	32(28.1%)	27(23.7%)	55(48.2%)
중국인보다 한국인에게 내 감정을 잘 전달할 수 있다	24(21.1%)	30(26.3%)	60(52.6%)
중국인보다 한국인과 교제하는 것이 더 편하다	35(30.7%)	25(21.9%)	54(47.4%)
직장이나 학교에서 친구의 대부분은 한국인들이다	35(30.7%)	26(22.8%)	53(46.5%)

이나 학교에서 교류 정도를 알아보기 위한 "직장이나 학교에서 친구의 대부분은 한국인들이다"라는 질문에 '그렇지 않다'가 46.5%, '보통이다'가 22.8% 그리고 '그렇다'는 응답이 30.7%였다. '그렇다'(30.7%)와 '보통이다'(22.8%)의 응답자들이 직장이나 학교 등 사회활동에서 한국인 친구와의 교류가 많은 것으로 나타났다.

그러나 "중국인보다 한국인에게 내 감정을 잘 전달할 수 있다"라는 질문에 52.6%가 그렇지 않다고 응답하여 한국어보다는 중국어로 한국인보다는 중국인과의 공감대가 크다는 것을 알 수 있었다.

"나의 친한 친구들은 중국인들이다"라는 질문에 44.7%가 그렇다고 응답하였으며, "중국인이 구성원인 사교모임에 가기를 좋아하나"란 질문에 28.1%는 '그렇지 않다'고 응답한 반면 32.2%만이 '그렇다'고 대답하였으며 30.7%는 보통이라고 응답하여 대다수가 중국인과의 교류와 소통이 중요하다고 판단하였다. 또한 40.3%가 "중국인과 함께 있을 때 편안하다"고 응답하여 민족적 결속력이 강하게 작용하여 거주지에서의 현지인과의 교류보다 동족 간의 결속력이 강함을 알 수 있었다.

그럼에도 불구하고, 장기간 타국에 거주함에 따라 동화되어 결국 현지국의 문화에 통합되는 경향이 나타나게 된다. 따라서 그 통합 정도를 살펴보

표 3.28 분리 정도

항 목	그렇다	보통이다	그렇지 않다
나의 친한 친구들은 중국인들이다	51(44.7%)	21(18.5%)	42(36.8%)
중국인이 구성원인 사교모임에 가기를 좋아한다	47(32.2%)	35(30.7%)	32(28.1%)
중국인들이 더 평등하게 대해 준다고 느낀다	49(43.0%)	40(35.1%)	25(21.9%)
중국인들과 만나는 것을 더 좋아한다	42(36.9%)	48(42.1%)	24(21.1%)
중국인들과 함께 있을 때 편안하다	46(40.3%)	43(37.7%)	25(21.9%)

표 3.29 통합 정도

항 목	그렇다	보통이다	그렇지 않다
중국어로 생각한 것처럼 한국어로도 생각할 수 있다	36(31.6%)	37(32.5%)	41(36.0%)
중국인뿐만 아니라 현지인 친구가 다 있다	49(45.0%)	35(30.7%)	30(26.3%)
중국인, 한국인 모두 나를 소중히 여긴다고 느낀다	48(42.1%)	41(36.0%)	25(21.9%)
내 주변의 모든 사람들에게 편안함을 느낀다	46(40.3%)	43(37.7%)	25(21.9%)

기 위한 "중국인뿐만 아니라 현지인 친구가 있다"라는 질문에 45.0%가 '그렇다'고 응답하였으며 '그렇지 않다'고 응답한 응답자는 26.3%에 불과하였다. 중국인과 한국인 모두 나를 소중히 여긴다고 느끼는가에 대한 질문에 42.1%가 '그렇다'와 36.0%가 '보통이다'라고 응답하여 대다수가 긍정적인 대답을 하였다. 따라서 현지국의 사회문화로 통합되는 특징이 보였다.

화교 2세대임에도 50년 이상 한국에서 거주하면서 한국문화와 한국인 사이에 동화가 이루어지고 있었다. 아래는 화교 2세 공○부의 인터뷰에서도 나타났다.

"우리 어릴 때는 회가 있었어요. 학교 다닐 때, 또 애들하고 놀 때도 한국 애들, 중국 애들 따로 있었어요. 근데 지금은 없어요. 집에서도 한국말 못하고 학교에서도 한국말하면 벌금 있고 있어요. 근데 지금은 2세 대라도 중국말 거의 안 해요. 요새 중국 애들도 중국말 완전히 못할 걸요. 우리도 막히는데 요새 애들은 더 못해요. 중국말 어려운 거 생각 안 나면 한국말이 막 나가요. 우리가 80%라면 어린애들은 60%밖에 못 할 걸요.

요즘은 신화교, 진짜 중국인들이 많이 들어왔어요. 대화가 안 되니 답답한 거예요. 그래서 지금은 한국인이 아니고 중국인하고 부딪히는 거예요."

하지만 부산화교의 주변화 정도는 그렇게 높지 않았다. "모든 사람이 나를 좋아하지 않는다고 느낀다"고 응답한 수는 38.5%에 불과하여 '그렇지 않다'(28.9%)와 '보통이다'(32.5%)에 비해서 상대적으로 낮은 편이었다. 또한 "모든 사람이 나를 이해하는 데 어려움을 가지고 있다고 생각한다"고 느끼는 응답자는 31.6%로 비교적 높지 않게 나타남에 따라서 부산화교는 한국으로의 이주가 길어지고 한류문화의 영향으로 한국에서의 적응과 동화가 잘 이뤄지고 있는 것으로 나타났다.

표 3.30 주변화 정도

항 목	그렇다	보통이다	그렇지 않다
누군가와 교제하는 것이 어렵다	48(42.1%)	36(31.6%)	30(26.3%)
가끔 모든 사람들이 나를 좋아하지 않는다고 느낀다	44(38.5%)	37(32.5%)	33(28.9%)
아무도 나를 이해하지 않는다고 생각할 때가 자주 있다	44(38.6%)	39(34.2%)	31(27.2%)
모든 사람이 나를 이해하는 데 어려움을 가지고 있다고 생각한다	36(31.6%)	37(32.4%)	741(36.0%)

제4장
일본화교의 혼종성과 문화영토

1. 요코하마 차이나타운의 형성

1) 차이나타운의 발전역사

요코하마 차이나타운은 도시 자체의 크기와 경제적 규모에서 일본의 차이나타운이라고 한다. 중국인의 이주는 국적취득으로 귀화를 하는 경우가 많고, 이주가 아닌 정착 경향이 특징적이다. 중국인의 일본으로의 이주는 요코하마 개항 이후로 보고 있지만, 실은 그 이전부터 중국인은 일본에 존재하고 있었다고 본다. 일본에서 화인사회가 형성된 것은 도쿠가와 시대 초기로, 당시 중국인이 사는 지역은 나가사키의 구획에 한정되어 있었고 요코하마 개항 이후부터 중국인의 본격적인 출입이 시작되었다.

요코하마 차이나타운은 미일 수호 조약에 의해 요코하마 항을 개항한 이래, 차이나타운 거리로 발전해왔다. 최근 아시아 붐으로 미디어에서도 많이 거론되며, 휴일이 되면 전국 각지에서 연령과 성별, 인종에 관계없이 다양한 관광객들로 붐빌 정도로, 현재는 일본에서 가장 큰 차이나타운으로 알려져 있다. 초창기부터 식당에서 일하는 사람들을 비롯해 중국인이 뿌리를 내리면서 주택가로 확대되었고, 특히 중국의 음식과 문화를 통해 전파되면서 일본인도 모여들기 시작했다. 현재는 관광지로 크게 발전, 새로운 고객 유치를 목표로 변화를 거듭하고 있으며 이른바 '미각의 도시'로 발전해 왔다고도 말할 수 있다. 하지만 여기서 장사를 영위하는 사람들의 대부분이 중화거리에서 거주하는 사람들이기도 하다. 요코하마 차이나타운의 관광지화가 진행되면서 차이나타운에 관계를 가진 사람도 일반적으로 '화교'로 불리는 재일화교뿐만 아니라 더 다양성을 갖추게 되었다.

전 세계 차이나타운은 많이 존재하지만, 요코하마 차이나타운에는 다른 나라의 차이나타운에는 없는 특징이 있다. 그것은 중국의 문화가 일본으로 받아들여지고 있고, 요코하마에 뿌리를 내리고 있다는 점이다. 요코하마 차이나타운에 방문하는 사람들의 방문객을 살펴보면, 중국인을 제치고 일본인이 가장 많고 그 비율은 95% 이상이기 때문이다. 세계의 차이나타운을 봐도 이렇게 중국인보다 현지인들이 많이 찾는 차이나타운은 희소하다. 한편, 차이나타운을 요코하마 시의 관광 명소로 크게 홍보하고 요코하마 시의 중요한 부분으로 인식되고 있을 정도로 현지에 뿌리내린 차이나타운은 요코하마 차이나타운의 특징으로 보여진다.[1]

(1) 개항

차이나타운이라고 하면, 중국인이 만든 도시를 상상하지만 중국인이 아니라 서양인의 거류지였다. 1857년 7월 미 · 일 수호 통상 조약의 체결로 1859년 6월에 요코하마가 개항하게 되었고, 미국 · 영국 · 프랑스 등의 상인들이 요코하마를 방문해 외국인 거주지로 형성되었다. 중국인들은 외국 상인들의 고용인(傭人)으로 요코하마로 건너왔다. 중국인은 일본인과 오래전부터 교류를 가지고 한자를 사용했기 때문에 통역이나 중개인으로서 적격이었기 때문에 그들은 서양인의 거류지에서 정착하게 되었다. 아래 〈그림 4.1〉에서 사다리꼴의 왼쪽 절반에 해당하는 부분이다. 거류지 철폐 후에 이 일대를 야마시타마치(山下町)로 불렀으며, 여기에 외국인이 거주하고 경제활동을 영위하는 것이 제한되어 있었다.

요코하마에서 장사를 할 경우 현지 일본인과 소통이 이루어져야 하지만 의사소통이 되지 않았기 때문에 영국인과 일본인을 연결시켜주기 위해 홍콩에서 일하던 중국인이 소통의 매개체로서 역할을 하였다. 즉 일본인과 당시의 중국인은 한문으로 필담할 수 있었으므로, 중국인은 각각 요코하마에 진출한 외국 업체 중에서는 아무래도 필수 요소였다.[2]

---

1 寺井美由紀. "横浜中華街一華人の歴史と商賣の変化一". 櫻美林大學卒業論文, 2007, p. 3.

2 横浜華僑社會と二つの世紀末,
https://www.wako.ac.jp/organization/research/touzai00/tz2004.html

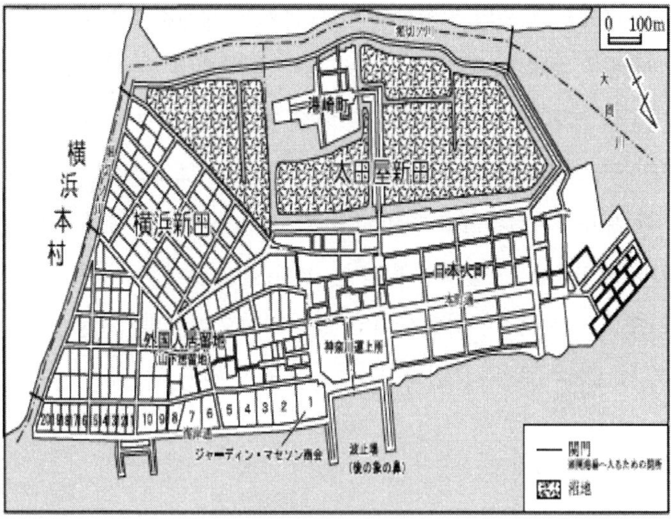

a) 1865년

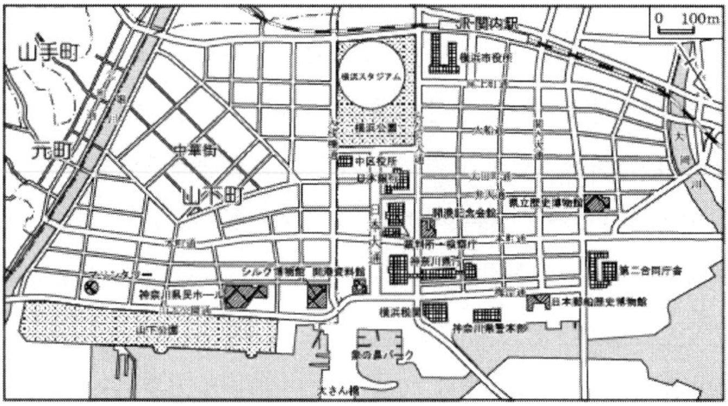

b) 2010년

그림 4.1 1865년과 2010년 요코하마 개항장 모습[3]

이렇게 많은 중국인들이 서양인과 일본인의 무역 중개 역으로서 또한 자신의 사업을 위해 요코하마에 새로운 경제적 가능성을 키웠을 것이다.

3 齋藤譲司 · 市川康夫 · 山下清海, "横浜における外國人居留地および中華街の変容", 『地理空間』 4-1, 2011, p. 59.

메이지 초기에는 동포의 생활상의 각종 문제를 해결하기 위해 상부상조의 관점에서 중국 회의소(이후 중화 회관으로 개칭) · 동향회 등 조직을 설립하고 관제 묘 · 중국 묘지를 건설했다. 요코하마 개항 후 1871년 청나라와 일본 사이에서 수호 조약이 체결되면서, 중국이 공식적으로 일본에 입국할 수 있게 되었으며 그 결과 요코하마로 유입되는 중국인의 수가 급증하였다. 요코하마에 거주하는 중국인의 수는 1874년 1,300명, 메이지 16년에는 2,700명으로 당시 이미 화인사회가 형성되었으며, 일본인들은 중국인이 많은 것을 보고 이 곳을 도진마치(唐人町)라고 칭했다.

(2) 고난의 과정

메이지 27년(서기 1894) 이후 전쟁이나 재해 등의 큰 변화가 몇 가지 발생했다. 첫째, 1894년의 청일전쟁의 발생으로 일본 내에서 중국인에 대한 처우가 엄격해지면서 차이나타운의 활기도 사라져 갔다. 당시 일본 정부는 중국인 거류지에서의 생활을 제한하는 몇 가지 칙령을 공포하였다. 그 중 칙령 제137호는 거주지의 현 지사에 주소 · 이름 · 직업을 등록하는 것을 중국인에 의무화하는 내용이었다. 이 등록 제도에 의해 요코하마 중국인의 약 3분의 1이 귀국했다고 한다. 한편, 귀국하지 않고 요코하마에 정착한 화인은 요코하마 중화 회관을 중심으로 대책을 강구하기도 하였다. 요코하마를 방문하는 중국인에 대해서 요코하마에 거주하는 중국인 스스로가 규제를 함으로써 요코하마 중화 질서와 경제를 지키고 일본과의 마찰을 피하려고 한 것이었다.

두 번째 움직임으로, 영사 재판권의 철폐, 관세 자주권의 일부 회복을 대가로 서양인이 일본에서 자유로운 경제 활동을 할 수 있도록 메이지 32년 칙령 제352호를 선포하였다. 이는 외국인(주로 서양인)의 국내 통상의 자유를 목적으로 한 것이지만, 이 법령에 의해 거류지가 철폐되게 차이나타운에 큰 영향을 가져왔다. 서양인과 마찬가지로 중국인도 거주 및 영업의 자유가 공식적으로 인정받게 되었지만, 서양인과는 달리 내지 잡거령 조항에 제한이 추가되었다.

勅令第352号(内地雑居令)
第一條
外國人は條約若しくは慣行に依り居住の自由を有せさるものと雖(いえども)従前の居留地及雜居地以外に於て居住、移轉、營業其の他の行爲を爲すことを得。但し勞働者は特に行政官廳の許可を受くるに非ざれば、従前の居留地及雜居地以外に於て居住し又は其の業務を行うことを得ず
勞働者の種類及本令施行に關する細則は内務大臣之を定む「内閣官房/編 2006」

内務省令第42号
一、 治32年勅令第352号第一條の行政官廳は廳府縣長官とす
二、 明治32年勅令第352号第一條の勞働者は農業漁業鉱業土木建築製造運搬挽車沖仕業其の他の雜役に關する勞働に従事する者を云ふ
但し家事に使用せられ又は炊爨若は給士に従事する者は此限に在らず〔内閣官房/編 2006〕

일본 정부는 중국 노동자에 의한 일본인의 실업을 우려하여 특정 직종에 국한하였다. 다음은 1899년 7월 27일에 나온 내지 칙령 제1조 및 그 세칙으로 다음 날인 28일 내무부에서 공포된 칙령이다.[4]

요코하마 차이나타운에 큰 영향을 준 세 번째 사건은 다이쇼 12년 9월(大正12年 1923년 9월 1일)에 발생한 관동대지진이다. 차이나타운은 오래된 벽돌과 목조 건축물이 밀집된 지역이었기 때문에 대부분의 가옥이 붕괴・소실되었으며, 중국인의 실종자와 사망자는 1,700명에 달해 고베로 피난한 사람도 약 4,000명 정도로 밝혀졌다. 요코하마 차이나타운에 사는 중국인의 출신지별 거주지별 인구합계를 보면 지진 이전은 5,721명이었던 것이, 지진 후 1924년 이전의 10분의 1 이하인 434명으로 나타났다.[5]

---

4 寺井美由紀, 전게 논문, pp. 5-6 참고.

5 전게 논문.

2) 요코하마 차이나타운의 형성

1859년 요코하마가 개항하면서 구 요코하마 마을에 형성되었던 외국인 거류지에 상관(商館)을 설치하였다. 여기의 상관 사무소 대부분은 홍콩, 광저우, 상하이 등을 근거지로 중국과의 무역에 종사하였다. 요코하마에 진출한 서양 상인은 중국 무역과의 풍부한 경험을 가진 중국인을 중국과의 거래를 유리하게 하기 위하여 이용하게 되었다.

1871년에 칭일 수호 조약의 체결 이후 중국과의 무역이 활발해지고 다양한 직업에 종사하는 중국인은 외국인 거류지에 집중 거주하게 되면서 차이나타운으로 형태를 갖추기 시작했다. 제2차 세계대전 이전에는 요코하마 차이나타운을 '난킨마치(南京町(街))'라고 칭하였다.

외국인 거류지 중에서 요코하마 차이나타운이 형성된 곳은 습지지역으로, 영국, 미국, 프랑스 등지의 외국인은 사무소를 항구 근처로, 거류지는 고지대에서 배수가 잘 통하는 곳으로 설치하고 중국인은 저지대로 거류지가 형성되면서 양자 간의 공존구도를 형성하였다.

1899년 외국인 거류지가 폐지되고 중국인을 포함한 외국인은 외국인 거류지 밖에서의 거주와 영업 활동이 허용되면서 일부 일본인도 요코하마 차이나타운으로 이주하여 상업활동을 하기 시작하였다. 1923년 관동 대지진과 1945년 요코하마 대공습으로 침체기에 빠졌지만 그 이후 요코하마 차이나타운은 일시적인 암시장으로 변화를 가져왔다. 그 이후 1950년 한국전쟁으로 요코하마 차이나타운은 미국 병사 및 외국인 선원을 대상으로 한 '외인 바'가 증가하였다.

제2차 대전 이후 1949년 중화인민공화국이 탄생하면서 요코하마 거주 중국인은 자녀들의 교육에 관심을 가지기 시작하였고, '요코하마 중화학교(横浜中華学校)'가 설립되었으며, 1986년 설날에 화재 피해를 입었던 관제묘(關帝廟)가 1990년에 재건되었다. 이는 요코하마 차이나타운의 중국 대륙과 대만계의 대립에서 공존하는 화교사회가 정착하기 시작하였다. 또한 2006년에 마각묘(媽閣廟)도 건립되었다. 1972년 일본과 중국의 수교를 계기로 일본에서 전국적인 중국 붐의 기류가 형성되었으며 중국어에 대한 관심이 확대되었다. 요코하마 차이나타운에 대한 일본인의 관심이 고조되면서 차이나타운을 방문하는 관광객도 점차 증가하였다.

1980년대 중국 대륙으로부터 유학 온 유학생이 증가하면서 요코하마 차이나타운이 주목을 받게 되었다. 요코하마 차이나타운의 만성적인 인력 부족 현상은 중국인 유학생과 취업 이민자들로 인하여 차이나타운의 상업활동이 활발하게 되었다. 1993년에는 요코하마 중화가 발전회 협동조합, 요코하마 화교총회를 포함한 중화 관련 24개 단체에 의해서 '요코하마 중화거리 만들기 협의회'가 결성되면서 중화거리 조성과 재건축으로 현재의 요코하마 차이나타운 중화거리를 형성하게 되었다.

3) 요코하마 차이나타운 내 화교사회의 형성

(1) 자발 유입형

개항을 하자마자 영국, 프랑스, 미국 등을 중심으로 하는 서양 열강들은 무역관계자들을 중심으로 많이 입국시켰는데 그들의 종사자로서 일본 사람들과의 사이에서 통역자로서 함께 온 사람들이 바로 청나라 상인들이었다. 이 당시 외국인이 거류할 수 있는 지역이 항의 인근 지역으로 지정되어 있었기 때문에 1899년에 거류지 제도가 철폐될 때까지 대부분의 청나라 상인들은 중앙정부가 있는 관동지역의 항이었던 요코하마에 집주하게 되었다. 그들의 수는 차차 증가하여 1873년 청일수호조약이 체결되어 청국 영사관이 개설되었을 때쯤은 1,000명을 넘었다고 한다.

그러나 1894년에 청일전쟁이 벌어지자 그중 3분의 1이 귀국하였다. 청일전쟁이 끝나고 손문의 방일 영향을 받아 점점 떠난 사람들이 돌아와

1899년에는 일본정부에서 외국인 거주지제한을 철폐하였는데 이것이 중국의 노동취업 희망자들을 많이 불러오게 된 계기가 되었다. 이 무렵 일본에 체류하는 외국인 비율을 보면 50%-70%가 중국인들이었다. 중국인 노동자들은 저렴한 인건비로 고용되었기 때문에 당시 일본인 노동자들에게 위협을 주기도 했다. 그래서 정부는 화교를 염두에 두고, ① 제1차 산업은 종전의 거류지에 종사해야 하며, ② 거주지를 옮길 경우 행정관청에서 허락을 받아야 하였으며 직업에 관한 절차와 법도 까다롭게 만들었다. 그래서 거류지제한 철폐가 되기 전보다 직업의 종류가 한정되었다. 이리하여 화교가 전형적으로 종사하는 직종을 총칭하는 '삼다도(三把刀)'라고 하는 단어가 생겼는데, 이것은 '칼을 사용하는 세 가지 업종'이라는 뜻으로 구체적으로 요리, 이발, 옷 만드는 일을 가리키는 말이다.[6]

(2) 강제 연행형

일본군에 의해 노동력 증강정책으로 끌려온 사람들이다. 위에서 자발적으로 일본에 건너온 사람들은 자기들의 힘으로 자주적인 커뮤니티까지 만들어 가고 있는 반면 여기에 속하는 사람들은 1930년대 후반을 시작으로 대륙 북부에서 약 4만 명, 대만에서 약 8만 명 정도가 단기간에 일본에 연행되었다. 여기서 하나 주의해야 할 점이 있다. 대만에서부터 연행해 온 사람들의 경우, 그 당시 중국인으로 취급받지 못했다는 것이다. 즉 대륙에서 연행된 사람들은 노동이라는 계약으로 끌려왔는데, 대만에서 끌려온 사람들은 일본 국민의 일부로서 총동원되었다. 이것은 이후에 정체성 형성에 있어 많은 영향을 끼친 요소의 하나가 된다.[7]

---

6 나가이 미유키, "화교정체성 형성에 관한 연구—한국과 일본의 화교사회 비교를 중심으로—", 서울대학교 석사학위논문, 2004, pp. 22-25.

7 나가이 미유키, 전게 논문, p. 27.

(3) 신화교형

세 번째 유형은 이른바 신화교로 불리는 사람들이며 이들이 가장 많이 일본에 들어온 시기는 1980년대이다. 이때 들어온 사람들은 중국 상해나 대만에서 사업이나 취학을 목적으로 들어와 그대로 정착하게 된 사람들 및 그들의 자손들이다. 이 사람들은 이미 정착하고 있는 노화교들과 서로 도움을 주고받고 하는 특별한 연관관계는 거의 없다. 그들은 일본에 들어온 지 20년 정도가 넘자 차츰 독자적인 네트워크 및 단체를 만들어가고 있다. 한편 1972년에는 차이나타운 발전위원회가 결성되었다. 이것은 1972년에 중국과 일본이 국교를 정상화 수립하게 됨으로 인해, "모태주와 팬더" 붐이 일으켰던 것과 관련이 있지만 이때를 계기로 특히 요코하마 차이나타운은 화교와 일본인의 상호 협력하면서 살아가는 지역으로 변해가고 있다.[8]

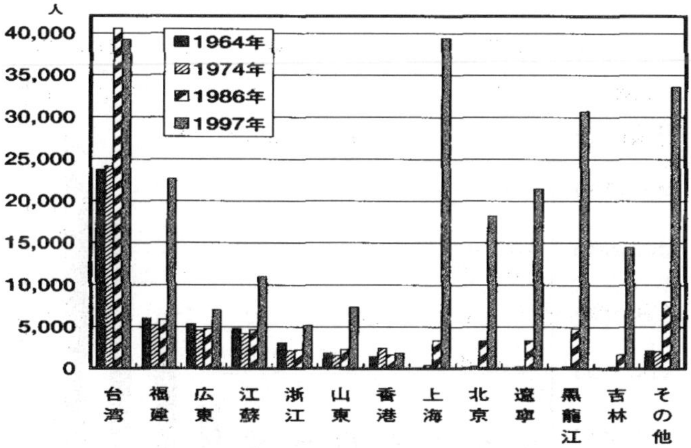

그림 4.2 출신 지역별 재일 중국인 인구 추이[9]

---

8 나가이 미유키, 전게 논문 pp. 28-29.

9 關戶 明子, "橫浜中華街における華僑・華人の生活様式の変容". 『群馬大學教育學部紀要 人文・社會科學編』 50, 2001. p. 157.

재일 중국인의 출신지 변화를 살펴보면, 1964년에는 대만 출신자가 가장 많았고 그다음으로 복건성으로 나타났다. 1986년에 들어서는 대만의 경제성장으로 유학을 목적으로 일본으로의 이주가 증가했다. 또한 상해, 북경, 흑룡강, 길림 등 동북 3성의 출신자도 점차 증가하였다. 1997년에 경제성장에 힘입어 복건, 산동성, 북경, 상해 등 지역으로 점차 확대되면서 중국 전역에서의 이주현상이 나타났다.

재일 중국인의 인구변화를 살펴보면, 아래 그림에서 보듯이 중일전쟁 이후 재일 중국인의 수가 점차 증가하는 것을 볼 수 있다. 특히 1950년대에서 1980년까지 약 30년간 재일 중국인의 수는 4만 명에서 5만 명 정도로 추정된다. 그리고 1978년 중국의 개혁개방 이후 1980년 이후 급속한 인구 이동이 이루어졌으며 1990년대에는 재일 중국인의 수가 15만 명, 1995년에 22만 명, 1999년에는 29만 명에 달하여 약 20년간에 약 24만 명의 인구 이동이 이루어지면서 재일 중국인의 수가 급속히 증가하였음을 보여주고 있다.

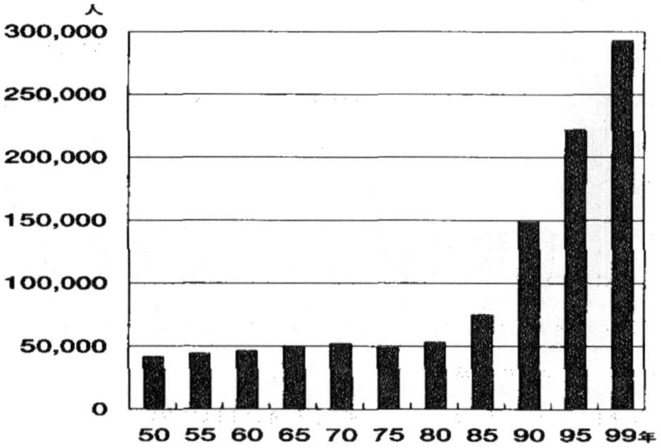

그림 4.3 재일 중국인 인구의 변화[10]

10 關戶 明子. 전게 논문. p. 157; 이정희, "일본의 차이나타운 연구-고베 난킹마치(南京町)를 중심

4) 요코하마 차이나타운의 점포 현황

(1) 차이나타운 내 점포 특징

차이나타운의 매장과 시설은 주로 중화 음식점, 중국 식품 · 중국 차 및 신선 식품 등의 상점, 의류 · 잡화 · 공예품점, 극장이나 수족관, 게임, 노래방 등의 오락 시설 · 점포 등, 호텔 주차장 등으로 나뉜다.

중화 요리집 특히 차이나타운 거리와 시장 거리, 香港路(시장 거리의 하나로 서쪽의 거리)에 집중되어 분포하고 있다. 이것은 동일 업종의 점포 집중에 의한 편의 제공 및 점포 집적의 이익을 추구한 것으로 생각된다. 그러나 차이나타운 거리의 점포가 비교적 크고 장식이 화려한 반면 다른 거리에 있

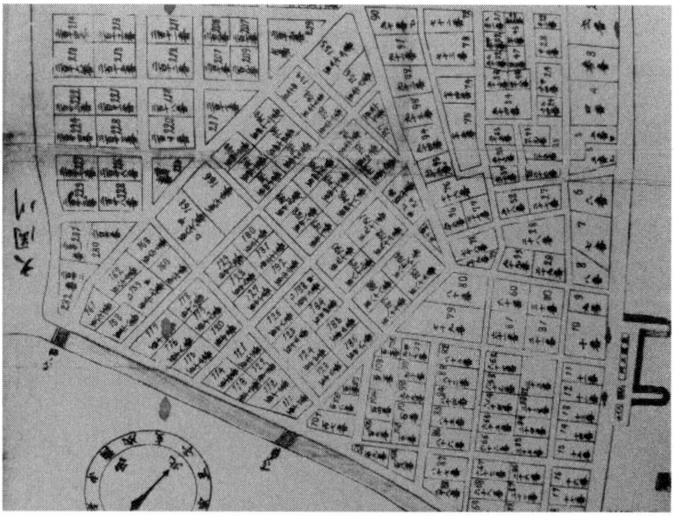

그림 4.4 메이지초기(明治初期) 거류지 지도[11]

으로". 『中央史論』 第40輯, 2014.12. pp. 307-308 재인용.

11 江晨, "在日華僑が作る橫浜中街の地域特性", 『法政大學大學院デザイン工學研究科紀要』 Vol.3. 2014年.

그림 4.5 요코하마 차이나타운의 점포 분포의 변화(2008년)[12]

는 가게는 규모가 작고 장식도 소극적이다. 이 거리가 빨간색과 금색 등 중국적인 색채로 장식이 되어있는 것은, 온 도시에게 차이나타운의 이국적인 인상을 남기는 데 큰 역할을 하였고, 그 결과 관광객이 많이 찾는 거리가 되었다.

이 지역에 분포하는 점포는 차이나타운에 사는 사람들의 일상생활에 필요한 물품을 제공하며, 중국 식품 · 중국 차 및 신선 식품 등의 소형 점포가 많다. 차이나타운의 대다수는 중화 음식점이 가장 많았다. 중화 음식점 다음에 점포 수가 많은 것은 의류 · 잡화 · 공예품점이다. 이들은 대형 건물에 몇몇 점포가 모이는 형태로 선린문(善隣門), 地久門(현 天長門) 부근에서 본 점포의 집중되어 있는 형태를 갖고 있다. 이것은 한정된 부지를 활용하여 다수의 소형 가게를 형성할 수 있었고, 관광객에게는 한곳에서 다양한 상품을 구입할 수 있는 편리함도 제공하고 있다.

---

12 長友 麻苗未, "横浜中華街の發展とブランドイメージ". 『學芸地理』(64), 東京學芸大學地理學會, 2009. p. 72.

요코하마의 차이나타운은 점포 분포를 봐도 중국 음식점·중국 식품·중국 차 및 신선 식품 등 중국문화를 기초로 거리가 조성되었으며 매우 다양한 음식과 오락을 즐길 수 있는 장소로 변화해 오고 있다. 또한 차이나타운을 둘러싼 도로를 따라 공공근린시설 등의 주차장과 호텔이 다수 입지하고 있어서 다양한 관광 수요에 대응하고 있다.[13]

(2) 차이나타운의 상가 발전 과정

요코하마 차이나타운 내 중국인 점포는 대내외적인 요인에 의해서 발전되었다. 첫째, 서양과의 연계이다. 요코하마가 개항된 상하이와 홍콩 등을 근거지로 중국 무역에 종사하고 있던 상인을 중심으로 거류지 상회를 설치했다. 개항 당시 일본인과 서양인은 서로의 언어나 상관습, 통화 단위도 생소하였다. 따라서 일본 거주 중국인이 서양인과 일본인 사이에서 중개자 역할을 하면서 요코하마에서 일본인과 서양인 사이에서 '일본과 서양을 잇는 교량' 역할을 수행하게 되었기 때문이다. 둘째는 직종의 다양화로 볼 수 있다. 1873년의 청일 수호조약 체결 이후 거류지에 거주하는 중국인에 의해 다양한 소규모 자영업자가 증가하였다. 그리고 외국인 중에서 중국인의 비율은 1894년 41.8%이며 1883년엔 최고 72.4%에 달했다. 중국인은 무역 중개를 할 뿐만 아니라 서양인의 생활을 지원하는 다양한 서비스를 제공하고, 또한 당시 일본으로 새로운 서양의 기술을 전파시켰다. 즉 오래전부터 차이나타운에서 거주하던 일본인과의 교류 과정에 새로운 기술이 일본에 전해졌다.

요코하마 차이나타운의 상가의 변화는 4단계로 구분할 수 있다.(아래 표 및 그림 참조)

제1단계는 차이나타운 성립에서 제2차 세계대전 이전 단계이다. 1859

---

13 長友 麻苗未, "横浜中華街の發展とブランドイメージ". 『學芸地理』(64), 東京學芸大學地理學會, 2009. pp. 71-72.

년 요코하마 개항 후 중국인 거주 구역에 중국상가가 출현한 것은 1873년의 일이다. 중국인이 경영하는 점포는 1887년에 149개이며, 1921년에는 263개로 증가했다. 그러나 중화 음식점은 불과 5개뿐이었다. 1923년 관동대지진 당시에도 중국인 점포 30개 중에서 중국음식점은 9개에 불과했다. 차이나타운은 무역 관계와 보험 업무, 도매 업무 회사가 많은 오늘 같은 도시로의 발전은 제2차 대전 이후의 일이다.

제2단계는 제2차 세계대전 이후부터 1960년대까지의 전후 부흥기이다. 차이나타운은 이른바 전후의 미군 물자의 교환이 이루어지는 암시장 도시로서 변화했다. 1948년 통계에서는 점포 수는 470개까지 늘어 음식점 320개, 잡화점 104개, 제조업 16개 등이다. 또한 종전 직후부터 차이나타운 주변에 미군 막사가 지어져 외국인 선원과 미군 고객을 위한 바, 스낵, 카바레 등이 차이나타운 뒷골목에 다수 출현했다.

제3단계는 1960년대 중반부터 1980년대 중반까지의 관광 초기 단계이다. 1970년 오사카 만국 박람회, 1972년 일중 국교 회복이 계기가 되어, 차이나타운은 일본인 방문객이 많아졌고, 요코하마 차이나타운 발전회 및 협동조합의 차이나타운 내 마을 만들기가 진행되면서 상가 구성은 점차 다양하게 변화되어 오늘날의 관광명소로 변모하였다.

제4단계는 1980년대 중반부터 현재까지의 관광 발전기이다. 1980년대에는 요코하마시의 상해 공예전 및 발전회 협동조합 캠페인, 그리고 음식 붐과 요코하마 차이나타운을 둘러싼 환경이 개선되었다. 또한 화교사회의 갈등 완화에 따른 중국인 인구 증가 등 차이나타운 발전 기반이 정비되었고 2000년대의 지하철 개통에 따른 거리의 확장은 차이나타운 점포 수 증가와 다양화를 가져오게 되었다.

그러나, 요코하마 차이나타운의 관광지화가 진전되는 가운데에서도 차이나타운은 항상 디아스포라의 삶의 뿌리였다. 그것은 차이나타운의 뒷골목이나 골목길에 흩어져있는 소규모 점포의 대부분이 인근에 거주하는 중국인을 주요 대상으로 하고 있기 때문이다. 또한 야채 · 과일 · 생선 · 정육 · 조미료 등은 차이나타운에 거주하는 중국인이나 다국적 사람들을 대상으로 하면서 중국 인구의 증가가 차이나타운 내 점포의 증가를 가져오게 되었다. 이 관광화 단계에서 요코하마 차이나타운은 협동조합의 적극적인 노력에 의해 차이나타운의 발전에 크게 기여하게 되었다. 춘절 축제와 關帝誕 등 축제 개최, 도로 정비, 요코하마 중화 안내 게시판 정비, 중화가 역이 개설되면서 차이나타운은 도시 전체가 관광지가 되었다.

표 4.1 요코하마 차이나타운의 점포 수와 그 구성의 변화[14]

구 별	1948年	1952年	1962年	1976年	1986年	1996年	2008年
중화요리	320	236	25	95	132	196	216
기타음식	-	-	48	-	43	-	37
바·카바레	-	28	103	25	64	78	52
식료품	-	13	63	-	38	-	10
중화 식료품	-	-	-	20	-	48	47
중국과자 제조	-	-	-	15	-	15	46
의류 · 생활잡화	104	46	56	-	-	-	-
의류 · 생활공예점	-	-	-	-	-	-	91
중화민속 · 물산	-	-	-	15	54	26	-
제조업	16	-	-	-	-	-	-
유기업	-	32	3	-	-	-	-
서비스	-	7	25	-	-	-	-
호텔	-	-	-	-	-	7	10
주차장	-	-	-	-	-	-	27
기타	30	13	11	29	59	186	198
합계	470	375	334	199	390	556	734

14 長友 麻希未, "橫浜中華街の發展とブランドイメージ", 『學芸地理』(64), 東京學芸大學地理學會, 2009. p. 73.

사진 4.1 요코하마 차이나타운의 입구—중화가

또한 요코하마 차이나타운이라고 해도 요코하마의 다른 관광지 및 전국의 관광지와 항상 경쟁 상태에 있었다. 이렇듯 점포 간 · 지역 간 치열한 경쟁이 이루어지고 있는 것이 요코하마 차이나타운 전체의 활성화를 촉진하게 되었다.[15]

5) 요코하마 차이나타운의 특징

일본의 3대 차이나타운으로 불리는 나가사키, 고베, 요코하마는 역사적 요인에 차이가 크다. 나가사키와 고베의 차이나타운은 전쟁 전부터 많은 일본인 상인이 다양한 사업을 영위해옴에 따라 화교와 일본인이 공유해온 공생의 공간이었다. 이에 비해 요코하마 차이나타운은 일본인과 서양인 거주 지역에서 화교는 한정된 일정한 지역에 중국인 거류 지역을 형성해 온 것이 특징이다. 요코하마 개항을 거쳐 중국인 거류지는 요코하마

15 長友 麻苗未. "横浜中華街の發展とブランドイメージ". 『學芸地理』(64), 東京學芸大學地理學會, 2009. pp. 72-75; 江晨, "在日華僑が作る横浜中街の地域特性", 『法政大學大學院デザイン工學研究科紀要』 Vol.3. 2014年.

로 할당되면서 점차 중국인이 거주해 왔다. 요코하마는 당시 침수 지역으로 일본인은 여기에서 거주를 기피하는 경향이 있어, 거주 조건은 뒤떨어지지만 토지의 입지가 비교적 용이하였을 것으로 본다.[16]

이러한 지리적 거주의 요인은 요코하마 차이나타운의 특징으로, 첫째, 화교사회가 강하게 유지되어 온 것으로 나타나 화교의 전통 문화의 계승에 유리하였다. 그러나 그 결속의 강도는 반대로 화교사회의 폐쇄성을 보여주며 이는 요코하마 화교사회의 분열을 초래하게 되었다.

둘째, 요코하마의 넓은 대지는 다양한 시설 인프라가 가능하고 이는 화교 집단의 구심점이 되었다. 차이나타운 내에는 화교학교, 각 동향회, 관제묘 등이 건설되고 그것은 요코하마 화교의 진정성 · 정통성을 표상하였다. 즉, 요코하마 차이나타운은 화교에게 중국 전통 문화를 존속하는 장소이며, 또한 장사의 장 · 삶의 터전이었다.

세 번째 특징은 요코하마 차이나타운은 외국과 일본사회를 연결하는 역할도 담당하고 있다는 점이다. 그것은 요코하마의 사자춤이 동남아시아와 화교와의 문화 교류에 의해 탄생한 것이며, 関帝祭의 부흥에 있어서는 중국 대륙과 대만 · 홍콩 등의 교류뿐만 아니라 지역과의 관계를 배려한 의식으로 재편되는 것에도 나타나고 있다. 이들은 화교 문화를 시대와 지역에 맞는 스타일로 바꾼 것이며, 차이나타운을 문화와 지역 문화와의 만남의 장소로 변화시킨 것이다. 따라서 요코하마 차이나타운의 특징은 수많은 사람들이 사는 삶의 터전이자 관광지이며 다양한 문화와의 만남을 재공해주고 있다.[17]

넷째, 화교의 거주를 보장하고 지원정책을 마련하고 있다. 요코하마

16 長友 麻苗未. "横浜中華街の發展とブランドイメージ". 『學芸地理』(64). 東京學芸大學地理學會. 2009. p. 71.

17 長友 麻苗未. "横浜中華街の發展とブランドイメージ". 『學芸地理』(64). 東京學芸大學地理學會. 2009. pp. 70-71.

차이나타운의 성공에는 화교의 거주 보장 및 적극적인 화교 엘리트 지원 정책, 차별화된 분위기를 통한 국내 관광객 유치 등에 기인하고 있다. 1970년대 일본은 화교의 거주를 보장함으로써 장기투자를 활성화하였으며 중국 엘리트들이 일본 유학 시 장학금을 제공하고, 창업자금 및 영주권을 제공하는 등 각종 혜택을 부여하여 화교경제를 먼저 육성시켰다. 그 결과 1970년대 2만여 명이던 화교가 50만 명으로 증가하였다.[18]

2. 요코하마 차이나타운 화교교육과 민족정체성

1) 화교학교의 역사적 개요

국제화 속의 일본에 대한 생각에 일본에 거주하고 공생하는 소수자의 정체성을 고찰하는 것은 큰 의미를 갖는다 할 수 있다. 일본은 '이민 국가'는 아니지만, 정착, 영주 또는 귀화하는 외국인이 많아지고, 특히 중국에서의 이주가 비약적으로 증가하였다. 그 요인은 우선 중국의 '개혁 · 개방 정책'에 의한 것이 크다고 하겠다. 1978년부터 본격적으로 시작된 개방 정책은 중국사회에 큰 변화를 가져왔다. 즉 혁명 이후 폐쇄적이었던 중국은 세계를 향해 '문호 개방'을 실시하여 일본뿐만 아니라 세계의 각지를 향해 '四海為家'(모든 곳을 집이라고 하는 것)인 중국인의 해외 진출을 활성화시키게 되었다. 화교는 해외에 '僑居'하고 있는 중국인을 가리키고 있지만, 초기에는 쿨리로 해외로 돈 벌러 가는 사람과 전쟁과 경제난을 피해 해외에 이주하는 사람이 많았다. 한편, 개방 정책 이후 해외로 가는 중국인의 교육 수준과 경제적 조건에서 보면 화교는 세계 각지에서 새로운 중외 문화를 형

18 이동현. "일본의 3대 차이나타운 특징과 시사점". 부산발전연구원, 2009, p. 39.

성해 나가고 있다.

이러한 화교사회에서 화교학교는 가장 중요한 교육의 장이라 할 수 있다. 요코하마 중화학교의 역사는 일본 최초의 화교학교인 '중서학교(中西學校)'가 1897년에 요코하마에서 설립되었다가, 이듬해 1898년 '대동학교(大同學校)'로 개명되었다. 1905년에 같은 요코하마에서 새롭게 '화교학교'가 설립되었다. 요코하마 화교학교는 1924년에 하나로 합병되어 광동어를 교수 언어로 하는 중화학교로 다시 출발했다. 교육 언어가 방언에서 표준어로 통일되었고 1947년의 중학교 및 유치원이 증설되면서 교명도 '요코하마 중화학교'로 개명되었다. 그러나 1952년 중국대륙과 대만과의 '학교사건'이 발생하면서 화교학교는 둘로 분열되었다. 대만 지지자는 현재의 '요코하마 중화학교(橫浜中華学院)'에 남았고, 이를 반대하는 학생과 교사 600여 명은 건물 출입이 금지됨에 따라 화교 거주지에 공간을 빌려 교육을 실시

표 4.2 요코하마 화교학교 연혁

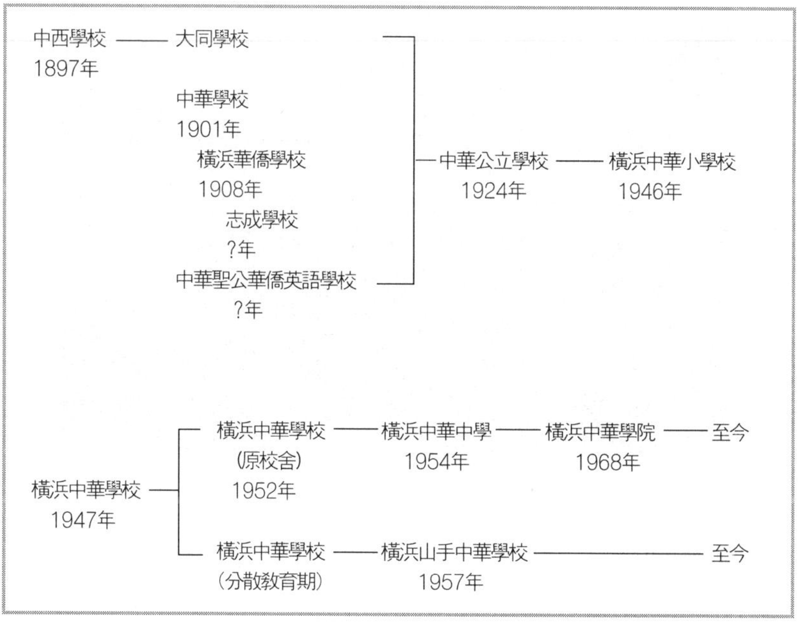

했고, 1957년 '요코하마 야마테 중화학교(横浜山手中華学校)'를 설립하였다.[19]

2) 화교학교의 취지

첫째는 요코하마 화교학원(横浜中華学院)이다. 일본의 화교학교는 '중화'와 중화문화를 교육하는 것을 최우선의 취지로 두고 있다.

① 중국어의 듣기, 말하기, 읽기, 쓰기, 네 가지 능력을 습득하는 것.
② 중국 지리, 중국의 역사를 배우고 중국인의 정체성을 형성한다.
③ 중국의 윤리 도덕을 습득한다. 공자, 맹자가 말하는 유교를 중심 사상과 중국인의 숭고한 가치 = 충효, 인애, 신의, 평화와 예의, 윤리를 근간으로 한 일련의 덕목을 가지고 수신(修身), 즉 인격 형성한다.

사진 4.2 요코하마 화교학원

---

19 黃丹青, "日本における中華學校のバイリンガル教育實踐に關する一考察 ―橫浜山手中華學校を事例として―",『國立教育政策研究所紀要』 第134 集, 2005, pp. 146-147.

사진 4.3 요코하마 야마테 중화학교

④ 현대 중국 건국 방안 삼민주의를 배우고 중국의 미래 정치 체제 이행에 노력하는 화교화인을 육성한다.

일본의 화교학교는 중국어, 일어 그리고 영어 등 3개 국어 교육을 실시하는 것이 특징적이다. 또한 정치의 계열에 의해 각 학교가 교육 역사관이나 정치관이 다르다.

둘째, 야마테 중화학교(山手中華学校)이다. "화교교육의 목적은 시대에 따라 변천이 있다"라고 교장은 말했다. 언젠가는 자국 즉 중국으로 돌아가는 것이기 때문에 해외에서 모국에 적응할 수 있도록 문화와 언어를 가능한 한 중국과 같은 환경에서 교육을 받게 할 목적이었다. 여기에서는 일본에서 생활해 나가기 위해서가 아니라 귀국을 전제로 한 교육이 이루어지고 있었다.

사진 4.4 요코하마 야마테 화교학교 100년 교지

3) 화교교육과 정체성

(1) 이중 언어 교육 - 중국어에서 민족교육

요코하마 야마테 중화 학교는 이중 언어 교육을 실시하고 있지만, 일반적으로 전면적으로 민족 교육을 통해서 중화민족의 역사와 정신을 중시하고 있다. 종전 후 재건을 계기로 1946년에 교명이 요코하마 중화 학교가 되면서 수업도 표준어로 바뀌었다. 그 당시는 중국식을 기준으로 운영되어 9월 신학기 제를 도입하였고, 중국 화교위원회에서 편찬한 교과서를 사용하여 휴일 및 공휴일도 중국의 교육체계와 동일하였다. 하지만 1954년 'アチーブメント・テスト'로 순수한 민족교육이 바뀌기 시작하였다. 우선 시험에 직면하게 중 3의 교과 편성이 바뀌었다. 즉 중 2까지 지금까지의 민족 교육을 그대로 두고 중 3이 되면 '중국'과 '중국사'를 제외하고 가능한 일본의 중학교 3년의 교과과정을 가르치기 시작했다.

결과적으로는 중국어 교육이었던 초등부에서도 일본어를 가르치기 시작했다. 그것도 초기엔 초등학교 5학년부터 시작하여 마지막엔 입학 시부터 적용되었다. 결국 입시 대책과 민족 교육을 위한 절충안은 '두 발로 걷는'이라는 방법이 시행되었다. 즉, 초등학교는 중국어 교육을 중심으로 일본어를 병행하여 가르친다. 반면 중학교는 반대로 일본어 교육을 중심으로 '일본의 모든 교과'에 맞췄으며, 지금도 변함이 없다.

아래 〈표 4.3〉은 1958년, 1978년, 1993년과 2002년 총 4 년 동안의 '중국어', '중국사회'와 '일본어', '일본사회' 수업을 주 시간 단위로 정리한 것이다.

우선 '일본어'와 '일본사회'를 보면, 전체적으로는 많아지는 경향을 보이고 있다. '일본어'가 1978년에 설치되고, 초등학교 4학년과 초등학교 6학년은 1978년도에 '일본어'가 증가하고 '일본사회'도 등장하였다. 중 1도 1978년에 '일본사회'가 개설되고 중 3에서 1시간 증가되었다. 이러한 이중

표 4.3 과목당 주당 수업시수의 변화[20]

학년	년	중국어	중국사회	일본어	일본사회
小一	1958	6	0	0	0
	1978	9	0	3	0
	1993	10	0	4	0
	2002	10	0	4	0
小四	1958	10	0	2	0
	1978	8	0	4	2
	1993	8	0	4	2
	2002	8	0	4	2
小六	1958	7	4	2	0
	1978	8	4	4	2
	1993	8	4	4	2
	2002	8	3	4	2
中一	1958	7	4	4	0
	1978	6	3	4	3
	1993	6	3	5	3
	2002	8	2	4	3
中三	1958	6	2	4	2
	1978	6	3	4	3
	1993	6	3	4	3
	2002	8	1	5	3

언어 교육은 일본어로 '일본사회'로의 도입을 의미하는 바가 크다. 즉, 언어로서의 일본어에 머물지 않고, 일본어로 하는 교과 학습을 통해 하나의 장애물을 넘어 일본학교의 교육 내용에 한 걸음 더 다가갈 수 있도록 하기 위함일 것이다.[21]

(2) 중국어 교육과 정체성

순수한 민족 교육에서 출발한 야마테 화교학교에서는 중국어 교육에

20 黃丹青, "日本における中華學校のバイリンガル教育實踐に關する一考察 ー橫浜山手中華學校を事例としてー",『國立教育政策硏究所紀要』 第134 集, p. 148.

21 黃丹青, "日本における中華學校のバイリンガル教育實踐に關する一考察ー橫浜山手中華學校を事例としてー",『國立教育政策硏究所紀要』第134集, pp. 147-149.

큰 비중을 두었다. 비록 이중 언어 교육을 시작했지만 중국어 교육은 학교를 상징하는 중요한 요소임에는 변함이 없다. 중국어 교육은 일본 사회 혹은 일본어 교육과의 관계 측면에서 그리고 중국과의 연계 측면에서 중요하다고 볼 수 있다.

첫째, "집에서 주로 중국어보다 일본어를 사용하느냐"에 대한 질문에 88명(59.9%)은 '그렇지 않다'고 대답하여 가장 많았다. 그다음으로 41명(27.9%)은 보통, 18명(12.2%)은 가정에서 주로 일본어를 사용한다고 대답하였다. 점점 가정에서도 모국어인 중국어가 아닌 일본어를 사용하는 가정이 있음을 통해서 일본사회로의 진입을 위해 변화가 보임을 알 수 있다.

둘째, 중국어 글쓰기 능력을 살펴보면, "중국어보다 일본어로 글쓰기를 더 좋아한다"에 대해 84명(58.1%)이 '그렇지 않다'고 하여 가장 많았으며, 44명(30%)이 '보통이다', 19명(12.9%)이 '그렇다' 순으로 나타났다.

표 4.4 중국어 사용 정도

항 목	가정에서 일본어 사용 정도		
	그렇다	보통이다	그렇지 않다
빈도(147명)	18	41	88
비율(100.0%)	12.2	27.9	59.9

표 4.5 중국어 글쓰기 정도

항 목	중국어보다 일본어 글쓰기 선호		
	그렇다	보통이다	그렇지 않다
빈도(147명)	19	44	84
비율(100.0%)	12.9	30.0	58.1

표 4.6 일본어 시 쓰기

항 목	일본어로 시 쓰기		
	그렇다	보통이다	그렇지 않다
빈도(147명)	14	42	91
비율(100.0%)	9.5	28.6	61.9

표 4.7 2개 국어의 사용

항 목	중국어와 일본어로 농담 가능 여부		
	그렇다	보통이다	그렇지 않다
빈도(147명)	32	72	43
비율(100.0%)	22.2	48.3	29.5

"시를 쓴다면 중국어보다 일본어로 쓰는 것을 좋아한다"라는 질문에 대해서도 91명(61.9%)이 '그렇지 않다', 42명(28.6%)이 '보통이다', 14명(9.5%)이 '그렇다' 순으로 조사되었다. 이러한 조사내용을 종합해 보면, 아직까지 대다수의 화교들은 일본어보다 중국어 사용과 글쓰기에 익숙하다는 것을 알 수 있다.

또한, 일본어와 중국어 2개 국어 사용 정도에 대해서 살펴보면 72명(48.3%)이 '보통이다'로 대답하였고, 43명(29.5%)이 '그렇지 않다', 32명(22.2%)이 '그렇다' 순으로 나타났다. 이번 조사에서 일본에 거주하는 화교들 대부분이 일본어와 중국어 2개 국어를 사용하는 것으로 나타났다.

셋째, 중국어 교육의 중요성에 대한 질문에 49명(33.3%)이 '매우 그렇다', 39명(26.5%)은 '보통이다', 37명(25.2%)은 '그렇다'고 응답하여 전체 147명 중에서 125명(85%)이 중국어 교육의 중요성을 인식하고 있었고, 이에 반해 22명(15%)만이 '그렇지 않다'고 나타난 결과 중국어 교육의 중요성을 인식하고 중국어를 열심히 배워야 한다고 생각하는 것으로 나타났다.

표 4.8 중국어 교육의 중요성

항 목	중국어 교육의 중요성				
	매우 그렇다	그렇다	보통	그렇지 않다	매우 그렇지 않다
빈도(147명)	49	37	39	12	10
비율(100.0%)	33.3	25.2	26.5	8.2	6.8

일본에 거주하지만 중국어에 대한 중요성이 강하게 작용하고 있지만 일본사회로의 진입이 증가함에 따라서 일본어의 중요성에 대한 인식의 변화가 있는 것도 사실이다.

중국어 교육에 관해서는 민족 문화의 유지라고 하는 추상적인 이유를 제외하고 일본에서는 구체적이고 실질적인 이유는 눈에 띄지 않고 있다. "중국어로 의사소통하는 데 어려움이 있다"라는 질문에 86명(54.5%)이 '그렇다'고 응답하였다. 중국과의 관계가 희박한 2세, 3세들은 일상생활에서 실제로 모국어인 중국어보다 일본어를 많이 사용하고 있다. 더불어 학교에서 민족 교육을 지속하면서도, 일본어의 필요성은 일본어에 의한 교육의 우선순위가 더 높아지면서 변해가고 있는 것으로 보인다. 현재 중국학교에서는 이중 언어 교육을 전면에 내세우면서도 중국어의 중요성과 중국어 교육에 대한 관심을 강조하고 있다. 수업시간을 늘리고, 중국어 검정시험을 장려함으로써 동기를 유발시키고 있으며, 그 결과 중국인뿐만 아니라 일본인도 흡수할 수 있게 될 것이다.[22]

---

22 黃丹靑. "日本における中華學校のバイリンガル教育實踐に關する一考察 ―橫浜山手中華學校を事例として―". 『國立教育政策研究所紀要』 第134集. pp. 151-152.

(3) 화교학교와 문화정체성의 계승

화교학교에서 중화거리의 중국인뿐만 아니라 일본인에게도 교육의 기회를 제공하고 있다. 따라서 화교학교의 교육은 중국의 문화와 전통을 계승하기 위해서 중국의 미래에게 중요한 역할을 한다. 아래는 陳先生과의 인터뷰 내용이다.

> "중화거리에 화교학교에서 중국 전통문화 및 언어 등을 유지하고 계승하고 있다. 만약에 화교학교가 없다면 전통문화는 없어졌을 것이다. 다음 세대 다음 세대로 문화가 계승되고 있는 것이다."

화교학교와 중국 전통문화에 대한 정체성 인식에 대해서 화교학교의 교사인 张先生은 다음과 같이 언급했다.

> "대학 졸업 이후에 정부파견으로 일본에 처음 왔다. 처음에는 정부파견으로 왔다 귀국했다가 직장을 퇴직하고 다시 일본으로 돌아왔다. 첫 번째는 여기 일본이 좋았고, 가장 중요한 이유는 중국문화의 전파와 계승하는 일이 중요하다고 생각했다. 한평생을 이 일을 하고 싶었다.
>
> 이 화교학교는 진정한 해외에서 중국 전통문화를 전파하고 계승하는 학교이다. 그래서 나는 이 일이 가치 있는 일이라고 생각해서 다시 일본으로 돌아와서 화교학교에서 일하고 있다.
>
> 현재 우리 학교에 다니고 싶은 아이들이 굉장히 많다. 주변에 학교 진학 예정 학생 수가 3만 명 정도인데 우리 학교에서 수용할 수 있는 학생 수는 4백여 명 정도밖에 안 된다. 화교뿐만 아니라 일본인들도 진학하고 있다.
>
> 아이들은 중국 전통문화와 역사를 배우면서 조금씩 조금씩 문화의 중요성을 알아가고 있다. 차이나타운 축제에 참여하면서 주위 사람들의 칭찬을 듣는데 어릴 때는 그냥 으쓱하지만 성장하면 중국 전통문화의 보존과 계승이 얼마나 중요한지를 자각하게 된다."

3. 요코하마 차이나타운의 민속문화와 생활풍속

1) 화인 디아스포라의 전통문화의 특수성

화인 문화란 중화민족과 중화민족 문화의 일부로서, 민족적 사상, 정신문화, 민속 풍습, 민족 언어 그리고 신앙 등을 의미한다. 해외화인은 중화민족의 특성을 가지고 있으면서 해외로 이주하여 거주국의 국적을 취득한 중국공민이므로 모국과 혈연관계를 통한 민족공동체를 형성하고 있다. 따라서 중화문화와 문화적 공통성을 갖기 때문에 중국의 전통문화를 계승하고 있다. 그러나 초국적 이동에 따라 고유의 전통문화가 퇴색되고 거주국에 동화되면서 해외의 다양한 민족의 문화를 수용하고 융합하면서 다원화 문화를 창출하기 때문에 해외화인의 문화는 중화민족의 전통문화와 일맥상통하지 않는 부분이 있다. 그러나 문화적 정체성 측면에서 해외화인의 사상, 가치관 언어, 풍습, 놀이문화 등등 전통 민속문화가 모두 동화 혹은 융합될 수 없으며, 핵심적인 문화적 가치관이 완전히 동화될 수 없는 것이다. 따라서 문화적 가치관은 퇴색되지 않고 계승되어 갈 수밖에 없기 때문에 문화와 정체성은 불가분의 관계를 갖는다고 볼 수 있다.

차이나타운은 매년 춘절이 되면 우롱, 사자춤, 무술, 잡기 등 다양한 중국의 민속문화 행사가 중화거리에서 거행이 되며, 화교화인뿐만 아니라 일본인 등 수많은 관광객이 몰려 장관을 이루고 있다. 이 차이나타운은 해외화인이 전통문화를 지켜나가는 공간적 의미뿐만 아니라 중화문화를 전 세계에 전파하는 전시관 역할을 하고 있다. 이러한 해외화인의 문화적 특성을 살펴보면 다음과 같다.

첫째는 겸용성(兼容性)이다. 해외로의 이주로 상이한 문화 속에서 중화민족문화는 다양한 문화의 영향으로 '현지화' 혹은 '서양화'되었고, 이렇게 다양한 문화와의 교류로 동화가 형성된 것이 해외화인의 문화적 특색이라

사진 4.5 요코하마 춘절축제의 한 장면

할 수 있다. 따라서 해외화인의 문화는 전통적인 중국의 민속문화를 계승하면서 동시에 전통문화에 대한 정체성을 계승하게 된다. 이처럼 해외화인의 문화의 겸용성은 해외화인의 거주국 또는 거주지의 문화와 융합하고 동화되기도 하지만 여전히 전통문화를 지켜나고 유지하고 있다. 예를 들어, 미국과 캐나다 등 일부 국가에서는 '중화문화센터'를 건립하여 중화문화가 현지문화와의 융합을 통해 문화의 다원화를 실현시키는 대표적인 사례라 할 수 있다.

둘째는 초월성으로 화인의 전통문화에 대한 초월이며 거주국의 문화에 대한 초월을 의미한다.[23] 상이한 문화가 공존하는 공간에서 거주국의 문화적 적응과정을 통해서 해외의 문화를 수용하게 된다는 것이다.

셋째는 본질성으로, 앞에서 언급한 것처럼 문화는 민족의 산물이며 고유한 특색이다. 해외화인의 문화가 비록 세계 다양한 문화를 수용하고 융합하지만 여전히 중화민족의 전통문화를 지켜나가고 있다.[24]

23 黃漢江 · 余景鳳. "論海外華人文化". 『江漢論壇』 09期, 39頁, 1993年.

24 윤성민, 전게 논문, p. 359.

2) 전통 민속문화에 나타난 문화정체성

(1) '춘절'의 행위와 그 상징성

일본에서는 1873년 양력의 도입을 선포하면서 명치 6년(1874) 1월 1일부터 양력 날짜에 따라서 신년을 지낸다. 그 이후부터 일본에서 정월은 양력 1월 1일을 가리키는 것으로 전환되었고 그 후에는 일본에서 가장 명절 분위기가 짙은 시기이다. 따라서 중국의 음력으로 지냈던 춘절과 기타 명절이 일본사회의 주말이나 명절과 겹치는 경우가 별로 없기 때문에 음력 춘절, 단오 및 추석에 대한 문화적 부호로서 축제로 유도할 수 있는 분위기가 존재하지 않고 또한 가게에서도 중화거리 외에 명절 분위기를 내는 데가 별로 없다고 한다. 즉 일본에서 춘절, 단오 및 추석에 대한 문화적 분위기가 조성되지 않기 때문에 일본사회에 흩어져 살고 있는 화교들이 전통명절을 지낼 때 중국 국내 분위기와 많이 다르지만, 집에서 중국음식을 차려 먹는 것만으로 중국의 전통문화를 계승하고 있는 하나의 상징적인 행위로 인식하고 있었다. 이러한 행위가 해외화교들의 중국의 전통문화에 대한 그리움의 표상이며 해외에서 중화문화를 지켜나가는 문화적 원천이 되고 있다.

차이나타운에서 민속문화 행사는 하나의 문화적 행위이며 문화적 부호로서 매년 일정한 시간에 반복적으로 행해지고 있다. 조사에 따르면 일본 요코하마 집거지인 차이나타운의 화인은 20세기 80, 90년대 이후 조국을 떠나 이주한 화교화인들에게 가정에서 춘절, 중추절, 단오절, 동지, 청명절 등 어떤 전통 민속명절을 보내느냐는 질문에 모국인 중국과 거주국인 일본을 불문하고 대다수인 114명(77.6%)은 가정에서 춘절을 지낸다고 응답하여 화교들이 가장 중요하게 여기는 것이 음력 설인 춘절인 것으로 나타났다. 다음으로 중추절을 가정에서 지낸다는 응답자가 56.5%였고 세 번째로 대보름이 55.8%로 가장 많았다.

이문화 사회 속에서 춘절이 되면 차이나타운의 화교들은 중국의 전통풍습에 따라서 전통음식인 지아오즈(餃子), 생선, 국수, 탕위안(湯圓) 등 음식을 함께 먹으면서 아이들에게 세뱃돈을 주는 풍습을 지켜나가고 있다. 또한 중화거래의 화교상가에서도 춘절 때 춘련과 복자(福字) 등의 장식물을 판매하면서 화교뿐만 아니라 다양한 민족들과 중국의 전통문화를 향유하면서 지켜나가고 있으며 이러한 문화축제가 당연한 것으로 간주해 왔다. 즉 일본에서 거주하며 경제활동을 하기 때문에 형식적으로는 신년을 챙기지만, 심리적으로는 중국의 전통명절인 춘절이 중요하다고 인식하고 있다고 했다. 특히 차이나타운에서는 춘절인 제사 때 필요한 식자재와 식기류 등 물품을 간편하게 구매할 수 있기 때문에 일본에서도 중국의 전통문화뿐만 아니라 중국음식을 지켜나갈 수 있다. 반면에 전체 응답자 중 15%는 가정에서 중국 전통 민속명절을 지내지 않는다고 응답하여 집거지에서 벗어나 거주하는 경우 이를 지켜나가기 쉽지 않다고 했다.

일본에서는 춘절이 법정휴일이 아니므로 친지와 친구를 방문해서 새해 인사를 하지 못하지만 전화 통화나 전통음식인 만두를 먹는 것으로 전통문화를 이어가고 있다고 했다. 그리고 춘절이 되면 춘절축제가 짧게는 하루, 길게는 한 달 동안 주말마다 다양한 민속문화와 행사행렬이 거행되

사진 4.6 홍등이 달린 관제 묘

사진 4.7 춘절축제 때 관제 묘

고, 화교화인뿐만 아니라 일본 등 다양한 민족들이 직접 춘절축제에 참석하고 한 달간의 준비를 통해서 탕런제에서 중국문화를 선보이고 있다. 따라서 참석하는 화교화인뿐만 아니라 축제 참관만으로도 중국인으로서 자부심을 느낀다고 밝혔다. 비록 차이나타운 내에서 전통문화가 많이 퇴색되었지만 다양한 행사를 통해서 민속문화에 대한 중요성을 재인식하게 되는 계기를 마련해주고 있는 것 또한 사실이다. 거주국에서 전통적인 생활풍속 등의 전통문화를 지켜나가는 데 어느 정도 어려움이 있지만 그 명절문화를 상징하는 음식을 먹는 행동 자체가 바로 해외에 있는 화교들이 민족의 문화를 기억하고 행위를 통해서 해외에서도 민족의 전통 민속문화를 지키는 문화적 원천이 되고 있다.[25]

(2) 사자춤과 문화적 표상

사자춤은 춘절이나 관제탄생일(关诞日) 등 전통행사에 행해지는 문화로서 '중국문화'에 대한 귀속의식뿐만 아니라 중국인으로서의 정체성을 나

25 윤성민, 전게 논문, pp. 360-361.

타내는 중요한 상징적인 행위이다.[26] 19세기 후반부터 중국 광동성 지역으로부터의 해외이주가 급증함에 따라서 이를 중심으로 한 '중화회관'이 설립되었고 묘지 및 제사 관련 사항을 관할하였으며, 특히 초기 화교사회에서 제사행사에 사자춤을 추는 풍습이 있었다. 전쟁 당시 일본정부의 압박과 탄압으로 인해, 일본화교들은 운명 공동체의식의 일환으로 '전통문화'를 부흥시키려는 의지의 표상으로서 사자춤을 계승하였다.[27]

따라서 사자춤은 다음과 같은 특징을 갖는다.

첫째, 일본에서의 사자춤은 중국 전통적인 사자춤과는 차이가 있다. 중국 광동의 화교로부터 사자춤이 전파가 된 것이 아니라 홍콩과 요코하마를 항해하는 선원을 통해서 사자머리와 악기를 구매하였고 사자춤이 전승되었다. 따라서 그 문화적 가치는 계승되었지만 차이가 없다고 말할 수 없다.

둘째, 중일 국교수립 전에는 화교들 스스로가 중국인임을 확인한 것이

사진 4.8 사자춤

26 사자춤에 대해서는 『漢書 · 礼樂志』에 있는 「象人」에서는 삼국 위나라 사람 맹강(孟康)이 "지금 생선, 새우, 사자를 흉내내고 있는 예능인과 같은 사람"이라고 해설한 내용이 있는데, 이것이 사자춤과 관련된 최초의 기록이다. 또한 『旧唐書 · 音樂志』(29권)에 오방사자춤(五方獅子舞)이라고 불렸던 '태평악(太平樂)'에 대해 서술하고 있으며 『樂府雜錄』에도 사자춤에 대한 기술이 있다.

27 張玉玲, 『華僑文化の創出とアイデンティティ』 ユニテ, 2008年, 76-78頁 참고.

아니라 일본의 외국인정책에 의해서 '중국인'임을 확인받아 왔으나 현재는 스스로 중국인으로서의 정체성이 강화되었다고 볼 수 있다.

일본 요코하마에서는 춘절, 관제탄생일(關帝誕), 국경일, 항제(港祭) 등의 전통 민속축제가 화교거리에서 연중행사로 정기적으로 개최되고 있는데, 이러한 전통 민속행사뿐만 아니라 결혼식, 제사, 개업식 등에서 사자춤을 추고 있다. 이처럼, 일본에서 사자춤에 나타난 정체성의 변화를 살펴보면, 1980년대 이전에는 중국과의 교류가 단절되었기 때문에 중국 대륙계 공동체를 중심으로 한 폐쇄적인 공간에 한정되었기 때문에 일본사회에서 화교의 문화가 사회적 지위를 갖지 못하였다. 하지만, 중일관계가 회복된 1980년대로 접어들면서 경제, 문화전반의 교류가 활성화되면서 '중국문화'에 대한 가치를 인정받기 시작하였고, 이때부터 중국 전통문화의 상징인 '사자춤'이 확립되기 시작했다. 1980년대 이후부터 사자춤을 통해서 일본화교는 문화적 정체성을 공유하는 한편 재일 해외화인으로서의 특수성을 인식하게 되었다.

또한 일본화교의 정신이라고 할 수 있는 요코하마 야마테 화교학교에서는 중국의 전통문화를 가장 중요한 교육의 일환이라 여기고, 유치원과

사진 4.9 2013년 춘절축제 포스터

초등학교에서부터 학생들에게 북과 사자춤 도구를 준비하게 하여 직접 교육시키고 있고 중학교에서도 일주일에 2번씩 기본 기법을 익히도록 하고 있다. 실제로 일본의 국적법 개정과 중국의 개혁개방 이후 신화교와 화인의 비율이 증가함에 따라서 전통문화도 신화교에게로 이전되는 현상이 나타나고 있으며, 실제로 2002년 관제탄생일 행사에 참여한 8명 중에서 4명이 신화교였다. 이 때문에 야마테 화교학교의 구성 비율에도 많은 변화를 가져왔으며,[28] 화교학교를 중심으로 중국 신, 구화교 간의 문화공유와 함께 소통의 통로로서 상호 간의 융합이 추진되고 있다. 결국 일본 구, 신화교 간 그리고 일본화교와 일본인 간의 교류를 통해서 중국의 전통 민속문화가 계승되고 재편될 뿐만 아니라 화교사회의 발전에도 크게 작용하고 있다.[29]

요코하마의 화교사회는 대륙계와 대만계의 화교협회와 화교학교에서 중국의 전통문화를 계승하고 있지만 정치와 사상을 초월해서 중국 전통 민속축제인 춘절 행사를 개최하고 있다. 요코하마 화교협회 謝先生 회장은 "대만과 중국은 두 개로 분열되어 있지만, 전통문화는 하나다"라고 하여 중화거리를 중국문화를 계승하는 상가, 관광거리로서 발전시키기 위한 탈아이덴티티를 형성하는 중요한 요소로 발전되었다.[30]

28 2002년 전체 320명 중에서 구화교는 8% 미만인 데 비해 신화교는 45%이고 화인이 25%를 차지하였다.

29 張玉玲, 상게서, 89-93頁 참고. 張玉玲, "在日華僑の「中國文化」觀と華僑文化の創出ー横浜華僑による獅子舞の伝承形態からー", 『國際開發硏究フォーラム』 23(2003. 3), p. 226.

30 윤성민, 전게 논문, pp. 361-362.

3) 전통 민속문화에 대한 문화적 변용과 혼종성

(1) 민족문화적 공동체 인식

첫째, "모든 문화는 언어와 문자에 의존하며 부호의 사용을 통해 비로소 문화의 영원한 생존이 가능하다"라고 말하고 있다.[31] 요코하마 차이나타운의 화교들의 중국문화와 역사에 대한 인식의 변화를 살펴보기 위해서 "중국의 역사와 전통문화를 이해하려고 노력한다"라는 질문에 대해서 83명(56.5%)이 역사와 문화를 알고 이해하려고 노력한다고 응답하였으며 49명(33.3%)은 '보통이다', 15명(10.2%)은 '그렇지 않다'는 순으로 나타났다.

둘째, 가족들의 이민 역사에 대해 알고 있는지를 살펴보면 56명(38.1%)이 '보통', 25명(23.8%)이 '그렇다', 23명(15.6%)이 '매우 그렇다', 18명(12.2%)이 '매우 그렇지 않다', 15명(10.2%)이 '그렇지 않다'는 순으로 나타났다. 이러한 결과를 통해서 많은 일본화교들은 부모들이 어떻게 일본으로 이주하였는지를 잘 알고 있는 것으로 나타났다.

셋째, "중국문화가 중요하다"라는 질문에는 전체 147명 중에서 83명(56.5%)이 중국문화가 중요하다고 인식하고 있었다. 또한 50명(34%)은 '보통이다', 14명(9.5%)은 '그렇지 않다'는 순으로 나타났다. 따라서 대다수의 요

표 4.9 중국 역사와 문화에 대한 관심

항 목	중국 역사와 문화에 대한 관심				
	매우 그렇다	그렇다	보통	그렇지 않다	매우 그렇지 않다
빈도(147명)	40	43	49	9	6
비율(100.0%)	27.2	29.3	33.3	6.1	4.1

31 郭玉聰・朱新建. "在日二世、三世華僑華人の中華文化志向研究—神戸華僑華人と在日福清華僑華人の比較—". 『愛知學院大學 教養部紀要』 第54巻 第1号. p. 119.

표 4.10 이민역사에 대한 이해

항 목	이민역사에 대한 이해				
	매우 그렇다	그렇다	보통	그렇지 않다	매우 그렇지 않다
빈도(147명)	23	25	56	15	18
비율(100.0%)	15.6	23.8	38.1	10.2	12.2

표 4.11 중국문화의 중요성

항 목	중국문화의 중요성				
	매우 그렇다	그렇다	보통	그렇지 않다	매우 그렇지 않다
빈도(147명)	52	31	50	6	8
비율(100.0%)	35.4	21.1	34.0	4.1	5.4

코하마 화교는 중국의 문화와 역사의 중요성을 인식하고 있었지만 점점 그 중요성이 희박해지고 있는 것도 사실이다.

(2) 민속문화와 전통풍습의 유지

화교와 전통 민속문화 간의 관계를 통해서 이국문화의 환경 속에서 중국문화에 대한 실제적인 행위를 통해 정체성을 표출해 내고 있다는 것을 알 수 있다. 특히 대다수 해외화교들은 중국문화와 관련해서 표면적으론 퇴색되었지만, 일상생활에서 민속문화의 반복적인 행위를 통해서 유지되어 가고 있다. 민족문화와 전통음식에 대한 디아스포라적 행위와 기억은 화교와 민족문화를 연결시키는 주요한 요인이 된다.

첫째, 중국 전통풍속 중에서 어떤 민속명절을 잘 지키고 있는지에 대해서 알아보았다. 〈표 4.12〉와 같이 전체 147명 중에서 114명(77.6%)이 '설날'을 보낸다고 대답하여 가장 많았다. 다음으로 추석이 56.5%, 대보름이

55.8%, 청명절이 51%, 단오가 49.7%, 동지가 35.4% 순으로 조사되었다. 또한 22명(15%)은 어떤 민속풍속도 지키지 않는다고 대답하였다.

이하는 중국 복건성 출신의 화교 1세대인 陳先生과의 인터뷰 내용이며, 중국의 민속명절인 설날을 중요하게 여기고 있다는 것을 알 수 있다.

> "고등학교 졸업하고 18살 때 외국은 어떤지 보고 싶어서 일본으로 혼자 유학을 왔다. 당시 중국식당에서 아르바이트를 시작하면서 3개의 아르바이트를 하며 학업과 병행해 가며 하루에 4시간을 자며 일했다. 이후 요코하마 중화거리를 비롯해서 현재까지 일본에 여러 개의 중국요리 식당을 운영하고 있다.
>
> 약 20년 이상을 일본에서 거주하지만 춘절, 국경절, 중추절 등 지내지만 대부분 식당에서 명절을 지낸다. 가장 큰 춘절은 꼭 지낸다. 특히 춘절이 되면 식당에서 춘절을 준비해서 손님을 맞이하고 있다."

둘째, 가정에서 중국 고유의 방식으로 전통풍속을 유지·계승하고 있는지 살펴보았다. 돌잔치, 결혼, 회갑 그리고 제사 등이 가정에서 지켜가고 있는 하나의 풍속이라고 할 수 있다. 일본 요코하마 화교들은 전체 147명 중에서 '결혼식'이 113명(83.1)으로 가장 많았으며, 다음으로 세배(75.5%), 성묘(67.3%), 제사(64.6%), 회갑잔치(61.9%), 성주신(25.2%)으로 조사되었다.

표 4.12 전통 민속명절의 계승

항 목	전통 민속명절의 계승						
	설날	대보름	단오	추석	동지	청명절	안 지킴
빈도(147명)	114	82	74	83	52	75	22
비율(100.0%)	77.6	55.8	49.7	56.5	35.4	51.0	15.0

표 4.13 전통 민속풍속의 유지

항 목	전통 민속풍속의 유지						
	제사	돌잔치	결혼식	회갑잔치	성묘	세배	성주신
빈도(147명)	95	89	113	91	99	111	37
비율(100.0%)	64.6	60.5	83.1	61.9	67.3	75.5	25.2

표 4.14 전통 민속놀이 문화

항 목	전통 민속놀이 문화					
	롱죠우	사자춤	마작	지엔즐	춘미엔	기타
빈도(147명)	9	27	49	23	71	32
비율(100.0%)	6.1	18.4	33.3	15.6	48.3	21.8

표 4.15 전통 문화예술과 현대 문화예술

항 목	전통 문화예술			현대 문화예술		
	음악	악기	무용	드라마	영화	음악
빈도(147명)	50	40	37	89	85	92
비율(100.0%)	34.0	27.2	25.2	60.5	57.8	62.6

셋째, 전통 민속놀이문화의 계승을 통해 민족문화가 유지되고 있는지를 알아보고자 질문한 "어떤 민속놀이를 해 본 적이 있는가"에 대해 79명(48.3%)이 '춘미엔'을 해 본 적이 있다고 가장 많이 응답했다. 다음으로 마작이 33.3%, 사자춤이 18.4%, 지엔즐 15.6%, 롱죠우가 6.1%였으며 기타가 21.8%로 나타났다.

넷째, 중국전통 문화예술(음악, 악기, 무용 등)과 현대문화(드라마, 영화, 음악)를 경험해 본 적 있는지에 대해서 알아보았다. 위의 표와 같이, 전통 문화예술 중에서 '음악'이 34%, 악기는 27.2%, 무용은 25.2% 순으로 나타났다.

하지만 현대 문화예술 중에서 '음악'이 62.6%, '드라마'가 60.5%, '영화'가 57.8%로 조사되어 중국의 현대문화가 전통문화보다 화교들 생활에 가

깝게 작용하고 있음을 알수 있다.

(3) 중국문화와 생활풍습

전통 민속문화에 대한 해외화교의 정체성은 모국에서의 민속축제에 대한 경험이나 거주국에서의 민속축제나 전통음식에 대한 경험 여부에 따라서 민족문화에 대한 인식이 달라지고 있다. 그중에서도 해외에서 모국인 중국의 전통문화를 고수하는 화교는 전통풍습과 음식의 영향을 받았기 때문에 그 기억 속에서 의식적으로 전통문화에 대한 반복직인 행위를 통해 자녀에게 전수되고 계승되고 있기 때문에 전통민속과 민족문화에 대한 공동체의식을 고취시키는 기초가 되는 것이다. 특히 모국문화에 대한 강한 정체성을 가진 1세대와는 달리 2, 3세대는 중국인으로서의 문화적 민족적 공동체의식이 희석되었기 때문에 화교사회의 전통문화를 보호하고 계승하려는 노력의 일환으로 전통문화행위가 행해지고 있다.[32]

첫째, 중국음식에 대한 선호도와 관련해서 "중국 음식을 자주 해 먹느냐"라는 질문에 58명(39.5%)이 매우 자주 해 먹는다고 응답하였고, 40명(27.2%)이 '보통', 35명(23.8%)이 '그렇다'고 응답한 반면에 14명(9.6%)만이 자주 해 먹지 않는 것으로 나타났다.

"중국요리를 잘할 수 있느냐"에 대해 54명(36.7%)이 '보통이다', 39명

표 4.16 중국음식의 섭취 빈도

항 목	중국음식 섭취 빈도				
	매우 그렇다	그렇다	보통	그렇지 않다	매우 그렇지 않다
빈도(147명)	58	35	40	7	7
비율(100.0%)	39.5	23.8	27.2	4.8	4.8

32 張玉玲. "日本華僑による文化提示とエスニック・アイデンティティの主張—神戸華僑歷史博物館の考察を中心に—".『國際開發研究フォーラム』29, 2005.3, pp. 165-166.

(26.5%)이 '매우 그렇다', 34명(23.1%)이 '그렇다', 13명(8.8%)이 '그렇지 않다', 7명(4.8%)이 '매우 그렇지 않다' 순으로 나타났다.

또한 "더 많은 중국요리를 배우고 싶은가"에 대한 질문에 57명(38.8%)이 '매우 그렇게 생각한다'고 응답하여 가장 많았으며, 43명(29.3%)이 '보통이다', 31명(21.1%)이 '그렇다고 생각한다' 순으로 나타났다. 더 많은 중국요리를 배우고 싶지 않다고 전체 147명 중에서 16명(10.9%)만이 응답하였다.

요코하마 차이나타운에 거주하는 화교들은 자주 중국음식을 만들어 먹고, 중국요리도 잘하며 또한 더 많은 중국요리를 배우고 싶어하는 것으로 나타났다. 그럼 정말 중국음식을 선호하는지 알아보았다. 앞에서도 언급하였지만, 민속문화나 음식문화는 체험 여부에 따라서 그 인식이 달라지기 때문이다. "중국음식이 더 좋은지"에 대해 57명(38.8%)이 '매우 그렇다', 40명(27.2%)은 '보통이다', 36명(24.5%)은 '그렇다', 8명(9.5%)은 '그렇지 않다' 순으로 나타났다. 이 조사 내용에서도 체험 정도에 따라 중국 음식문화에 대한 인식이 강하다는 것을 알 수 있었다.

표 4.17 중국음식의 선호도

항 목	중국음식의 선호도				
	매우 그렇다	그렇다	보통	그렇지 않다	매우 그렇지 않다
빈도(147명)	57	36	40	3	5
비율(100.0%)	38.8	24.5	27.2	6.1	3.4

표 4.18 중국음악의 향유 정도

항 목	중국음악 향유 정도				
	매우 그렇다	그렇다	보통	그렇지 않다	매우 그렇지 않다
빈도(147명)	47	39	41	14	6
비율(100.0%)	32.0	26.5	27.9	9.5	4.1

둘째, "중국 노래를 주로 듣는다"에 대해 47명(32%)이 매우 자주 중국 노래를 듣는다고 응답하였으며, 41명(27.9%)은 '보통이다', 39명(26.5%)은 자주 듣는다고 대답하였다. 또한 14명(9.5%)은 '그렇지 않다', 6명(4.1%)은 '매우 그렇지 않다' 순으로 나타났다.

중국 노래뿐만 아니라 춤에 대해서 많이 알고 좋아하는지에 대해 알아본 결과, 55명(37.4%)이 '보통이다', 37명(25.2%)이 '매우 그렇다', 24명(16.3%)은 '그렇다', 20명(13.6%)은 '그렇지 않다', 11명(7.5%)은 '매우 그렇지 않다'로 나타났다.

셋째, 전통 민속문화의 일종인 민속 생활예절을 잘 알고 있는지에 대해 '매우 그렇다'(27.2%), '그런 편이다'(20.4%), '보통이다'(40.1%)로 긍정적인 답변을 한 자가 전체의 129명(87.8%)으로 높은 비율을 보였다. 또한 "중국의 생활예절을 잘 실천하고 있는가"에 긍정적인 답변을 한 응답자가 77명(52.4%)과 '보통이다'라고 응답한 55명으로 보아 부정적인 답변을 한 경우보다 높은 것으로 나타났다. 실제로 가정과 생활 속에서 전통예절을 알고 실천하면 유지, 전승되어서 공동체적 정체성을 지켜나가는 것을 보인다.

표 4.19 중국 생활예절의 실천 여부(N(%))

항 목	중국 생활예절 실천 여부				
	매우 그렇다	그렇다	보통이다	그렇지 않다	매우 그렇지 않다
중국 생활예절을 잘 알고 있다	40(27.2)	30(20.4)	59(40.1)	13(8.8)	5(3.4)
중국 생활예절을 잘 실천하고 있다	40(27.2)	37(25.2)	55(37.4)	8(5.4)	7(4.8)

표 4.20 중국 전통의상의 착용 유무

항 목	중국 전통의상 착용 유무				
	입은 적 없음	지금까지 한두 번	1년에 한두 번	행사 때 자주	항상
빈도(147명)	74	38	17	13	5
비율(100.0%)	50.3	25.9	11.6	8.8	3.4

넷째, "중국 전통의상을 입은 적 있는가"에 대해 74명(50.3%)이 '전혀 입어 본 적 없다'가 가장 많았으며, '지금까지 한두 번 입은 적 있다'가 25.9%, '1년에 한두 번 입는다'가 11.6%, '행사 때마다 입는다'가 8.8%, '항상 입는다'가 3.4% 순으로 나타났다.

전통의상을 입는다면 언제 입는지에 대한 질문에 '명절'이 35.4%, '결혼식'이 34.7%, '중국의 날'이 27.9%로 나타났다. 실제로 陳先生과의 인터뷰에서 전통의상에 대한 일본 거주 화교들의 인식 정도를 알 수 있다.

> "전통의상을 안 입는다. 주로 결혼식이나 특별한 행사 때 주로 입는다. 대부분 잘 안 입는다. 나는 집에서 입어본 적 있지만 거의 안 입는다."

(4) 중국 역사와 전통 민속문화의 인식

첫째, 세대별 중국문화의 중요성에 대해 살펴보면, 국제화의 진전에 따라 일본에는 많은 외국인이 장사, 유학, 취업 등을 위해 체류하고 있다. 일본의 화교화인 2, 3세는 지속적으로 중국문화를 지향하고 있지만, 이것은 물론 그들은 일본문화에 대한 지향을 배척하지 않는다. 그들이 다른 문화 환경에서 자라 문화의 수용도 다원적이기 때문에 즉, 그들은 이중 문화의 지향성을 갖고 있다. 또한 설문 조사 결과처럼, 중국문화 지향에 대해 젊은이는 연장자의 그것보다 강하지만 청소년층에서 중화문화에 대한 지향이 현저하게 약화되지 않는 것도 분명하다.

화교의 귀화 경향이 갈수록 두드러지고 있지만 왜 2, 3세 화교화인은 전체적으로 여전히 중국문화를 지향할까? 그 원인은 다방면에 걸쳐있다. 중국문화는 이전부터 '중화'적인 특징으로 상당한 사회력과 강한 생명력을 가지고 있다. 또한 재일화교가 중국과 문화에 강한 것은 선현들의 영향에 기인한 바가 크다.[33]

둘째, 중국민족의 이미지와 자긍심의 고취에 대해 살펴보면, 아래 표에서 알 수 있듯이 중국의 전통문화가 화교민족의 자긍심 향상에 기여할 것인가라는 질문에 일본화교들은 전체 147명 중에서 105명(71.4%)이 자긍심 제고에 기여할 것으로 보고 있으며, 111명(75.6%)은 전통문화가 화교민족의 이미지도 제고시킬 것으로 조사되었다.

그럼, 중국 현대문화의 타국 화교민족의 자긍심에 대한 파급력을 살펴보면, 99명(67.4%)은 현대문화가 민족의 자긍심을 제고시키는 데 기여할 것

표 4.21 세대별 중국문회의 중요성

중국문화가 중요하다고 생각한다				
세대	그렇지 않다	보통이다	그렇다	합계
1 세대	7	21	41	69
2 세대	3	18	22	43
3 세대	3	6	11	20
4 세대	1	5	9	15
전 체	14	50	83	147

표 4.22 화교민족의 이미지 제고

항 목	그렇다	보통이다	그렇지 않다
중국 전통문화가 화교민족의 자긍심 제고	105(71.4%)	32(21.8%)	10(6.8%)
중국 전통문화가 화교민족의 이미지 제고	111(75.6%)	28(19%)	8(5.4%)

표 4.23 중국민족의 이미지 제고

항 목	그렇다	보통이다	그렇지 않다
중국 현대문화가 민족의 자긍심 제고	99(67.4%)	36(24.4%)	12(8.2%)
중국 현대문화가 민족의 이미지 제고	88(59.9%)	45(30.6%)	14(9.5%)

---

33 郭玉聰・朱新建. "在日二世, 三世華僑華人の中華文化志向研究—神戸華僑華人と在日福清華僑華人の比較—". 『愛知學院大學 教養部紀要』 第54卷 第1号. p. 123.

인가라는 질문에 기여할 것으로 응답하였다. 또한 88명(59.9%)은 민족의 이미지도 제고시킬 것으로 생각한다고 나타났다.

이처럼 중국의 전통 민속문화와 현대문화는 중국 민족의 역사성을 표출할 뿐만 아니라 중국인으로서의 정체성 정립에 주요한 역할을 하는 것을 알 수 있다.

(5) 차이나타운 내 문화의 혼종성

차이나타운은 그곳에서 생활하는 화교들이 중국으로부터 물려받은 제사나 예능이 행해지는 장소이기도 하다. 현재 요코하마 차이나타운의 연중행사는 요코하마 차이나타운 홈페이지에 기재되어 있지만, 이러한 축제는 전통적으로 이어온 것으로부터, 최근 들어 창출된 것까지 다양하다.

축제에서 열리는 민속문화에는 중국 사자춤, 용춤, 민족 무용, 합창 등이 있다. 용은 예로부터 제왕의 상징이며, 현재는 중화민족의 상징이다. 일본의 차이나타운에도 각각 전승되고 있으며, 나가사키에서는 '용춤'이 유명하지만, 요코하마 차이나타운에서는 '龍舞(竜舞)'라고 불린다. 용도 사자와 같이 대나무로 뼈대를 만든다.

사진 4.10 용춤의 한 장면

현재 요코하마 차이나타운에서 주로 사용되고 있는 용은 아홉 개의 절을 아홉 명이 담당하는 형태이다. 요코하마에서 주로 예능을 담당하고 있는 화교학교 졸업생과 재학생으로 구성된 2개의 단체이다. 요코하마 차이나타운에서 계승되어 온 중국 사자춤이 1960년대에 화교의 친목 단체인 화교 청년회에서 중국인 학교 OB회(교우회)에 이양된 때, 둘로 갈라져 각각 계승되게 되었다. 따라서 현재에도 요코하마에서 두 사자춤 단체가 활동을 계속하고 있다. 회원의 중심은 졸업생을 중심으로 한 화교이며, 재학시부터 사자춤과 용춤과 악기 연습을 통해서, 일본은 물론 세계에서도 손꼽히는 수준을 자랑하고 있다.

신화인은 일본으로의 이주 동기가 기업이나 비즈니스 때문이며, 따라서 전통문화의 보호보다 사업의 성공이나 돈벌이에 대한 관심이 이전부터 요코하마 차이나타운에 거주하던 노화인, 2세 그리고 3세보다 강하다. 세대가 교체되어 감에 따라 부모나 아이도 일본에서 거주하고 일본에서 자라기 때문에 중국의 전통문화에 대한 인식도 바뀌고 있다.

또한, 많은 일본인 관광객의 방문으로 개발이 진행되면서 차이나타운에 거주하는 중국인이 감소하고 근교에서 직장이나 학교로 이동하는 사람이 늘어나고 있다. 어려서부터 차이나타운에 살고 거기서 자란 陳先生은 다음과 같이 말했다.

> "이전에는 중국인들이 경영하는 중국집 이외에도 일본인이 경영하는 야채나 생선 가게, 과자 등이 늘어서 다문화가 자연적으로 공생하고 있다. 일단 요코하마 차이나타운은 서툰 일본어와 중국어로 잘 소통해 나갔다. 즉 중국도 일본도 아닌, 오히려 두 나라와 문화가 섞인 거리였다."

그러나 현재는 두 문화가 뒤섞여 공생하고 있는 것이 아니라 중국 붐에 만들어진 일본의 관광지가 되어가고 있다. 점점 젊은 세대들이 중국어를 사용하지 않고 중국인끼리의 관계도 소원해지고 있으며 생활도 일본적인 경향이 강해지고 있다고 했다.[34] 관제 묘 거리에서 중국인은 다음과 같이 말했다.

> "지금은 여기(요코하마 차이나타운)에 사는 사람보다 인근에서 거주하는 사람이 많아졌다. 나도 옛날에는 여기에 살고 있었지만, 이사, 지금은 근처에서 일하러 다니고 있다."

요코하마 중국 전통문화는 종종 화교 아이덴티티의 표출로 의미된다. 차이나타운의 문화는 대부분 차이나타운에서 이를 위해 연습하면서 차이나타운 안에 있는 학교를 이용하여 이루어지고 있다. 따라서 예능을 담당할 수 없는 사람들도 항상 그 소리를 들으면서 살게 된다. 소리를 '연주'하는 것은 요코하마 화교이지만, 그 소리를 듣고 생활하고 있는 사람들은 화교뿐만이 아니다.[35] 다음은 일본에서 태어난 화교 2세 谢先生과의 인터뷰 내용이다.

> "요코하마 차이나타운은 154년의 역사를 가지고 있다. 이전에는 미국, 인도 등 다른 국가들이 있는 곳이었다. 이전의 화교의 이사장은 퇴직했지만, 어릴 때부터 봐야 문화를 계승할 수 있다고 말했다. 이 차이나타운 춘절 축제는 약 26년 정도 젊은 사람을 중심으로 이어가고 있다. 첫 회는 지금처럼 손님이 많지 않았다.
>
> 나도 중화거리에서 태어났고 중화학교에서 학교를 다녔다. 그래서 중화거리의 문화를 보면서 자랐다. 시간 날 때마다 중국문화가 중요하다고 얘기하며, 아이들은 부모를 보면서 자라기 때문에 크면서 중국문화의 중요성을 배우고 자란다.
>
> 오늘 약 80%가 일본인이다. 여기 중화거리의 중국인은 경제활동 하기 때문에 상부상조의 의미에서 일본인이 도와주고 있다."

---

34 寺井美由紀. "横浜中華街—華人の歴史と商賣の変化—". p. 21.

35 辻本 香子. "横 浜中華街の共同体の変容における音と聽覺の役割". 『第七回中日音樂比較國際シンポジウム』. 於: 中國武漢音樂學院. 2007. pp. 2-3.

사진 4.11 춘절축제 시 중화거리의 한 장면

4. 요코하마 차이나타운의 아이덴티티와 혼종성

1) 요코하마 차이나타운의 브랜드화

요코하마 차이나타운이라는 이미지가 배경에 따라서 점포 경영자는 자사의 성장뿐만 아니라 차이나타운 전체의 발전이 필요하다는 것을 인식하고 요코하마 차이나타운이라는 이름에 자부심을 가지고 있다. 즉, 요코하마 차이나타운의 발전에 있어서 소비자와 공유할 수 있는 차이나타운의 이미지 형성이 중요하다. 브랜드는 아이덴티티와 브랜드 이미지로 구성된다. 요코하마 차이나타운의 브랜드는 차이나타운이 발산하는 브랜드 아이덴티티를 소비자가 수용하여 차이나타운의 이미지가 형성된 것이다. 브랜드 아이덴티티와 브랜드 이미지 사이의 끊임없는 상호 작용이 변화하고 있다. 이것을 요코하마 차이나타운 브랜드 이미지 형성에 대응시키면, 브랜드 아이덴티티는 이문화 교류의 장에 해당한다. 협동조합의 제정에 관해서 차이나타운 헌장 제3장에는 "우리는 이문화 교류의 장으로서의 역사를 원점으로 일상생활이나 장사 속에 내포된 독자적인 문화를 표현한 그것이 요코하마 차이나타운의 확고한 브랜드이다"는 바로 브랜드 아이덴티티를 의미한다.

차이나타운에서 판매되는 상품과 서비스는 일본문화의 융합이 존재하고 있지만, 그들은 이질적인 것으로 인식되기 때문에 문화를 중화의 일반적인 스타일이라고 할 수 있다. 그리고 관제 묘 · 洗手亭 등 건축물, 중화

사진 4.12 요코하마 차이나타운의 야경

사진 4.13 차이나타운 거리

요리 · 잡화 상품, 춘절 축제, 関帝誕 축제, 매스 미디어를 통한 홍보 등으로 표현되고, 소비자의 눈에 보여주고 손에 잡히는 실체로 나타나게 된다. 요코하마 차이나타운은 경쟁과 협력의 상태에 있다. 차이나타운은 문화교류의 장을 이루어 다양한 세계와의 교류를 통해 독자적인 문화를 창조하고 발전시켜왔다.[36]

2) 요코하마 화교사회의 새로운 움직임

(1) 중일관계 정상화 이후 화교사회 – 신화교와 화인화

일본화교는 세계 제2차 대전을 기점으로 노화교와 신화교로 분류하였지만, 중국의 개혁개방 이후 일본으로의 이주가 급증함에 따라 1980년대를 기준으로 노화교와 신화교로 구분하기 시작했다. 신화교와 노화교의 판단 기준은 앞에서 언급한 것처럼 출국 연도를 기준으로 하지만 가장 큰 차이는 출국 동기와 목적이 달랐다. 특히 요코하마 차이나타운의 노화교는 아편전쟁으로 일본으로 이주하였고 내전 때 정치적 난민의 후손인 경우가 대부분이었으며, 차별적 대우를 견뎌내고 일본에서 정주권자로서 사회적 지위를 갖춘 세대이다. 또한 의복과 주거 측면에서 일본에 동화하는 경향은 강하지만 전통문화와 제사와 같은 관점에서는 여전히 중화문화의 특성을 간직하고 있다. 하지만, 신화교는 1979년 이후 개혁개방 정책과 1986년 국민에 대한 출국규제 완화 이후 해외에 대한 동경과 비즈니스 기회를 찾기 위해 출국하거나 유학 온 중국인이 많다. 따라서 노화교는 민족주의 인식으로 중국 국적을 여전히 보유한 반면, 신화교는 귀화에 대해 비교적 저항이 없고, 일본에서 영주하려는 경향이 높은 화인화 현상이 뚜렷하게 나타났다.[37] 현재 재일화교 수는 약 67만 명에 이르며 그중에서 개혁

---

36 長友 麻苗未. "横浜中華街の發展とブランドイメージ". 『學芸地理』(64). 東京學芸大學地理學會. 2009. pp. 78-79.

개방 이후 일본으로 이주한 신화교가 대부분을 차지한다. 20세기 80년대 이후 일본으로 이주한 '신화교'들이 거주국의 국적으로 전환함에 따라서 '신화교'에서 '신화인'으로 전환이 이루어지고 있다.

1972년 중일 관계가 정상화 당시 재일 화교화인의 수는 4만 8,089명이었지만[38] 정상화가 본격화되면서 일본으로의 이주가 본격적으로 시작되었다. 1972년 협정 수립 당시 재일 중국인의 수는 4만 8,089명에 불과하던 것이, 개혁개방 이후, 중국의 경제성장 및 대외무역의 확대 그리고 1986년 2월 1일 시행된 '중국 출입국관리법'에 따른 '출국 붐'으로 해외 이민이 급속히 증가하였다. 2000년에 45만 명이던 일본 신화교의 수도 대폭 증가하여 2011년에는 67만 4,871명에 달하면서 일본 화교사회에도 '질'적 변화를 보였다.[39]

현재 요코하마에 있는 노화교는 아편전쟁 당시 신천지를 요구해왔던 국민당과 공산당의 내전 시대의 정치 난민의 후손인 경우가 많다. 또한 해외 노화인은 쿨리로 온 중국인으로 수십 년 동안 밤낮을 일하고 힘든 차별 등에도 견뎌 정주자가 되고 안정된 생활 기반을 구축했다. 해외에서의 고통스러운 경험에서 자손의 교육에 남다른 힘을 쏟아 지금은 중류 · 상류 이상의 안정된 생활 수준과 지위를 갖추고 있다. 또한 생활과 복장이나 주거 측면에서 일본에 동화하는 경향이 강하지만, 전통문화와 제사의 관점에서 특징적이다.

한편, 신화교는 크게 2종류로 노화교처럼 가난하고 해외에 안정된 생활과 돈벌이를 목적으로 오는 유형이며 일반 서민이나 농민 출신의 사람이다. 또 하나는 고등 교육을 받은 후 일본에 유학으로 학위를 받아서 일

---

37 1972년 일본 국적 취득자 수는 1,303명, 1881년 1,593명, 1991년 1,818명, 2001년 4,377명, 2011년 3,259명으로 지속적으로 증가하고 있다.

38 朱慧玲, "中日關系正常化以來日本華僑華人社會的變遷, 厦門大學出版社", 2003年, 39頁.

39 윤성민, 전게 논문, p. 364.

본의 대기업에 취직하는 경우가 많다. 신화인은 1979년 이후 점차 개혁개방 정책과 1986년의 국민에 대한 출국규제 완화 이후 해외에 동경과 비즈니스 기회를 찾고 출국한 사람이나 유학 붐을 타고 출국한 사람이 많다. 해외에서 안심하고 장사를 계속하고 싶다는 마음이 강해 자신의 이익을 범하지 않도록 스스로의 힘으로 지키기 위해 영주권을 손에 넣으려고 생각하고 있다. 따라서 노화인에 비해 귀화에 비교적 저항이 없고, 비즈니스를 하는 소재지에서 영주하는 경향이 있다. 또한 해외에서 비즈니스를 하기 위해서는 영주권을 손에 넣는 것이 편리하기 때문에 신화인은 국적을 고집하지 않는 경향이 있다. 따라서 업무상의 편의를 위해 귀화를 하고 일본인이 되거나 일본인과 결혼해 일본 국적을 취득하는 화교들이 증가되고 있다. 또한 현재의 상황에서 아직 소수이지만, 학창 시절부터 오랜 해외 거주로 영주권을 획득해서 사업을 경영하는 경우도 있다.

신화교는 노화교의 출신지보다 다양하다. 대체로 광동과 복건은 적고 상하이와 베이징 출신이 늘고 있다. 그러나 두 번째 유형처럼 기업과 새로운 비즈니스 기회를 찾아 이주한 경우들이다. 일부 국가마다 신화인의 사정은 다르지만, 많은 중국인은 사회생활 면과 경제 면에서 곤욕을 겪는 경우가 많다.[40]

예를 들어, 일본 '국적법'에서 재일 외국인이 다섯 가지의 조건[41]을 충족할 경우 국적 취득을 허용한다고 규정하였으며, 이는 다수의 화교가 거주국의 국적을 취득하게 된 주요 원인으로 작용하였다.[42] 이러한 신화인 사회의 특징을 살펴보면, 그 이전과 비교해서 민족주의 인식에서 많은 변

---

40 寺井美由紀, 전게 논문, p. 18.

41 일본에 5년 이상 거주하여야 하며 고정된 거주지가 있어야 한다. 품행이 단정해야 한다. 생계를 유지할 기술이나 자산이 있어야 하며, 무국적자 혹은 일본 국적 취득 전에 모국의 국적을 포기한 자, 일본 정부에 반하는 단체나 활동에 가입한 적이 없어야 한다.

42 1972년 이전까지 약 20년간 일본 국적을 취득한 중국인은 5,000명 미만으로 연평균 매년 250명 정도로 추정한다면 1972년부터 1998년까지 약 26년간 연평균 2,500명이 국적을 취득하였다.

화가 있음을 알 수 있다. 즉 거주국에서 출생한 2세대부터는 거주국의 문화에 동화되고 있다. 동화 현상을 살펴보면 제1세대 화교는 중화문화에 대한 인식이 강한 반면, 제2세대는 원문화와 거주국 문화가 혼합된 이중 정체성을 보였다. 그리고 제3세대 이후는 일본문화로의 동화로 일본문화에 대한 인식이 강하였다.[43] 그리고 정주에 대한 인식과 관련해서 대다수의 재일화교가 일본에 정주하길 희망할 정도로 화인사회로의 변화가 뚜렷하게 나타났다. 이러한 신화인사회로의 변화 요인을 살펴보면 첫째, 완화된 국적 취득 정책으로 일본으로 귀화하는 중국인의 수는 증가하고 있으며, 그중에서 일본인과의 혼인, 혈연 등 특수한 관계를 이유로 국적 취득 시 우대 대우를 함으로써 그 수가 증가하는 원인이 되고 있다. 둘째, 일본인과의 활발한 교류가 일본사회로의 동화 현상을 가속화시키는 두 번째 요인으로 볼 수 있다. 생활상의 편리함과 자녀의 미래를 위해서 신이민은 거주국의 국적을 취득하였으며 또한 그에 대한 만족도가 높은 것으로 나타났다.[44] 일본 신화인의 민족 정체성을 살펴보면 두 가지로 분류할 수 있다. 하나는 거주국의 정치, 경제, 사회, 문화 등 다방면에서 일본화되어 동화되는 형태와, 또 다른 하나는 법률상 일본 국적을 취득했지만 중국의 전통문화와 사상을 간직한 채 일본사회에서 융합하는 형태이다. 동화든 융합 방식으로든 일본에서의 화인사회는 현지화 형태로 변화하고 있음을 알 수 있다.[45]

---

43 鞠玉華, "近代日本華僑華人的同化現象論析", 『云南民族大學學報(哲學社會科學版)』, 2003年 第5期, 2003, 63-66頁.

44 日本 《中文導報》에서 실시한 '재일 신화인의 일본국적 취득에 관한 생각' 설문에서 24%는 매우 만족한다고 응답했고, 73%는 괜찮다라고 응답하여 응답자의 97%가 대체로 만족한다고 대답했다. "日本入籍華人突破5万入籍外國人數呈波浪式進退", 『新華网』, 2004. 4. 22.

45 윤성민, 전게 논문, pp. 364-365 발췌.

3) 화교공동체 사회와 네트워크

(1) 화교공동체와 네트워크에 대한 인식

중국인의 네트워크는 자본 사회의 기업처럼 일정한 구조를 가진 조직과는 달리 끊임없이 시대와 거주국의 법률제도, 현지 상황에 따라 유연하게 변화해가는 특성을 가지고 있다. 이러한 점에서 네트워크가 형성된 이유는 중국에서는 가족과 친척이 밀접하게 연결되어 있지만 타국으로 이민을 오게 되면 그들에게 의지할 수 없기 때문에 그 관계와 역할의 대체 수단으로서 네트워크가 형성되게 되었다. 같은 중국인, 동일한 화인이라도 출신지, 환경, 사용 언어가 조금씩 다르기 때문에 정보를 공유하거나 공통의 문제를 해결하고, 서로 협력하기 위해 이루어지고 있다. 또한 네트워크의 중국인들 사이에서는 공동묘지를 소유하고 정기적으로 제사를 지내는 곳도 있다. 이 점에서 중국인의 네트워크는 비즈니스 측면뿐만 아니라 문화적 정체성 형성에도 큰 역할을 하고 있다.

이러한 단체의 네트워크에서 대표적인 것은 '세계 화상(華商) 대회'이다. 세계 화상(華商) 대회는 각지의 중화 총협회와 비즈니스 리더가 참가하여 격년마다 회의가 이루어져 화교화인 간의 연계와 기업 투자 등에 대해 논의하고 있다. 이 네트워크는 자신의 관계 구축이 화인사회와 중국인의 비즈니스에 중요한 역할을 하고 있다.[46]

① 화교공동체 네트워크의 필요성

화교들은 가족, 친척이나 친구들과 소통하거나 중국의 문화접촉의 수단으로서 인터넷 사이트를 이용하는 경우가 많았다. 특히 '모국의 인터넷 사이트 이용 여부'에 대한 조사에 55명(37.4%)이 이용하고 있는 것으로 조

46 寺井美由紀, 전게 논문, p. 19.

표 4.24 모국의 인터넷 사이트 이용도

항 목	모국의 인터넷 사이트 이용도				
	매우 그렇다	그렇다	보통	그렇지 않다	매우 그렇지 않다
빈도(147명)	29	26	54	27	11
비율(100.0%)	19.7	17.7	36.7	18.4	7.5

사되었으며, 54명(36.7%)은 '이용 정도가 보통이다'라고 응답하여 109명(74.1%)이 중국의 인터넷 사이트를 이용하는 것으로 나타났다.

② 중국인단체 참여도와 수

"중국인으로 구성된 단체에 적극적으로 참여하는가"에 대한 질문에 59명(40.1%)이 '보통이다', 30명(20.4%)이 '적극적으로 참여한다', 26명(17.7%)이 '매우 적극적으로 참여한다'고 응답하여 화교화인은 중국인으로 구성된 단체에 비교적 적극적으로 참여하고 있다고 조사되었다.

일본화교들은 집거지에서의 경제활동과 사회활동을 위해 화교인들 간의 단체를 형성하고 유지하고 있다. 따라서 "화교화인들과의 모임 혹은 단체가 몇 개인지"에 대해 89명(60.5%)이 '활동하는 단체가 없다'고 대답하였다. 다음으로 1개(13.6%), 2개(12.9%), 4개 이상(6.8%), 3개(2.7%) 순으로 나타났다.

화교인이 가장 많이 가입하고 적극적으로 활동하는 단체는 '학교 동창회', '학교 부모회', '출신 지역 향우회', '자치단체의 국제 교류회', '자치단체의 다문화 센터' 순으로 나타났다.

표 4.25 중국인단체 참여도

항 목	중국인단체 참여도				
	매우 그렇다	그렇다	보통	그렇지 않다	매우 그렇지 않다
빈도(147명)	26	30	59	20	12
비율(100.0%)	17.7	20.4	40.1	13.6	8.2

표 4.26 가입 단체의 개수

항 목	가입 단체의 개수				
	없음	1개	2개	3개	4개 이상
빈도(147명)	89	20	19	4	10
비율(100.0%)	60.5	13.6	12.9	2.7	6.8

③ 화교단체 활동의 만족도

앞에서 살펴보았듯이, 89명(60.5%)이 화교단체 활동에 참여하지 않는 것으로 나타났다. 따라서 난체 활동에 대한 만족도는 어떤지 살펴보면 96명(65.3%)이 '만족도가 보통'으로 가장 많았고 '만족한다'(19.1%)와 '불만족'(15.7%) 순으로 조사되었다.

타국에서 경제활동과 사회참여를 통해 참여 단체나 조직으로부터 도움을 받는 경우가 많았다. 그중에서 '친척과 가족'(39.5%)이 도움을 가장 많이 받은 것으로 나타났고 다음으로 협회나 단체의 구성원, 동향인, 동창 순으로 조사되었다.

표 4.27 화교단체 활동의 만족도

항 목	화교단체 활동의 만족도				
	매우 그렇다	그렇다	보통	그렇지 않다	매우 그렇지 않다
빈도(147명)	1	27	96	15	8
비율(100.0%)	0.7	18.4	65.3	10.2	5.4

④ 화교단체 불참 이유

조사자의 절반이 화교단체에 가입하지 않는 것으로 나타났는데, 그 이유에 대해서 살펴보아야 할 것이다. 아래 표에서, 85명(57.8%)이 '시간이 없다'고 응답하였고, '별로 참여하고 싶지 않다'가 21.8%, '마땅한 게 없다'가 17%로 조사되었다.

표 4.28 화교단체 불참 이유

항 목	화교단체 불참 이유				
	시간 없음	도움 안 됨	별로 하고 싶지 않음	화교화인 사회 갈등	마땅한 게 없음
빈도(147명)	85	3	32	2	25
비율(100.0%)	57.8	2.0	21.8	1.4	17.0

(2) 타민족과의 사회 네트워크 형성

첫째, 일본인단체 참여도를 알아보기 위해 "일본인으로 구성된 단체에 활발히 참여하는가"에 대해 62명(42.2%)이 '보통이다', 51명(34.7%)이 '참여하지 않는다' 34명(23.1%)이 '참여한다' 순으로 나타났다.

둘째, 일본인 및 타민족 단체의 가입 수에 대해서 전체 147명 중에서 106명(72.1%)이 타민족 단체에 참여하지 않는 것으로 나타났다. 그리고 '2개'가 8.8%, '3개'가 6.1%, '4개 이상'은 4.8% 순으로 나타났다.

표 4.29 일본인단체 참여도

항 목	일본인단체 참여도				
	매우 그렇다	그렇다	보통	그렇지 않다	매우 그렇지 않다
빈도(147명)	14	20	62	30	21
비율(100.0%)	9.5	13.6	42.2	20.4	14.3

표 4.30 타민족 단체 가입 수

항 목	타민족 단체 가입 수				
	없음	1개	2개	3개	4개 이상
빈도(147명)	106	12	13	9	7
비율(100.0%)	72.1	8.2	8.8	6.1	4.8

(3) 일본 정책과 이주의 만족도

첫째, "일본 정부가 화교들이 필요로 하는 정보를 충분히 제공하는가"에 대해 71명(48.3%)이 '보통이다'라고 응답하였고, 필요한 정보 지원 서비스가 충분하지 못하다고 48명(32.7%)이 생각한다고 나타났다.

둘째, "일본 정부의 취업 지원 프로그램이나 지원 정책에 대해 잘 알고 있는가"에 대해서는 71명(48.3%)이 '보통', 56명(38.1%)이 '알지 못한다', 20명(13.6%)은 '잘 알고 있다'고 응답하여 상당수의 화교들이 일본의 지원 프로그램이나 지원 정책에 대해서 충분히 이해하지 못하는 것으로 나타났다.

표 4.31 일본 정부의 정보 지원 서비스

항 목	일본 정부의 지원 정책				
	매우 그렇다	그렇다	보통	그렇지 않다	매우 그렇지 않다
빈도(147명)	13	15	71	29	19
비율(100.0%)	8.8	10.2	48.3	19.7	12.9

표 4.32 일본의 지원 정책에 대한 이해도

항 목	일본의 지원 정책에 대한 이해도				
	매우 그렇다	그렇다	보통	그렇지 않다	매우 그렇지 않다
빈도(147명)	7	13	71	34	22
비율(100.0%)	4.8	8.8	48.3	23.1	15.0

표 4.33 일본 생활의 만족도

항 목	일본 생활의 만족도				
	매우 만족	만족	보통	불만족	매우 불만족
빈도(147명)	5	12	91	32	7
비율(100.0%)	3.4	8.2	61.9	21.8	4.8

셋째, 일본 이주의 만족도를 살펴보기 위해 "일본 이민(유학/사업/기타) 생활에 만족하는가"에 대해 147명 중에서 상당수인 91명(61.9%)은 일본 생활에 대한 만족도가 '보통'이라고 응답하였다. 그리고 '불만족'이 39명(26.5%), '만족'이 17명(11.6) 순으로 나타났다.

4) 요코하마 화교의 민족 정체성 변화

(1) 화교의 본질적 정체성

첫째, 중국인과 정체성, 현재 새로운 움직임으로 가장 중요한 요소가 되는 것이 새로운 화인의 존재이다. 1979년 중국 본토에서 경제 개혁 · 개방 정책이 실시된 이후 해외로 출국하여 외국에서 영주 경향이 강한 경향을 보였다. 같은 중국인이지만, 전후부터 요코하마 차이나타운에 살던 노화교와는 다른 목적이나 사고방식을 가지고 있다.

"나는 중국인인가"에 대한 질문에 전체 147명 중 과반수인 74명(50.3%)이 '매우 그렇게 생각한다'고 응답하였다. 그다음으로 34명(23.1%)이 '보통이다', 29명(19.7%)이 '그렇게 생각한다', 7명(4.8%)이 '그렇게 생각하지 않는다', 3명(2.0%)이 '매우 그렇게 생각하지 않는다' 순으로 나타났다.

세대별로 중국인으로서의 정체성에 대해서 살펴보면, 1세대는 69명 중에서 53명이 중국인이라고 생각하는 반면에 2세대는 전체 43명 중에서 27명, 3세대는 20명 중에서 14명, 마지막으로 4세대는 15명 중에서 9명이

표 4.34 중국인으로서 정체성

항 목	중국인으로서 정체성				
	매우 그렇다	그렇다	보통	그렇지 않다	매우 그렇지 않다
빈도(147명)	74	29	34	7	3
비율(100.0%)	50.3	19.7	23.1	4.8	2.0

중국인이라고 생각한다고 응답하였다. 이러한 내용에서 1세대에 비해서 후세대로 갈수록 정체성이 약한 것은 사실이지만 중국인으로서의 정체성을 가지고 중국인으로서의 자각을 갖고 있는 것으로 판단된다. 그 이유에서 이해해 본다면 화교화인 2세, 3세 그리고 4세는 일본에서 태어나고 이미 일본에서 안정적으로 살고 있기 때문인 것으로 보인다.

그러나 "내가 어느 나라 사람인지 잘 모르겠다"라는 질문에 대해 18.3%는 그렇다, 17.7%는 보통 그리고 63.9%는 그렇지 않다고 응답하여 대다수 화교는 자신이 중국인이라는 강한 정체성을 가지고 있었다. 세대별로 살펴보면 1세대는 59.4%, 2세대는 72.0%, 3세대는 65%, 마지막으로 4세대는 53.3%가 그렇지 않다고 응답하였다. "대다수의 일본인은 비교적 친절하고 상호 간에 좋은 관계를 유지하면서 지내지만, 일부 단체는 항상 중국 및 화교화인과 중국을 열애하는 화교를 위협한다"고 한 화교는 말했다.[47]

표 4.35 화교인의 귀속의식

항 목	화교인의 귀속의식				
	매우 그렇다	그렇다	보통	그렇지 않다	매우 그렇지 않다
빈도(147명)	42	35	55	11	4
비율(100.0%)	28.6	23.8	37.4	7.5	2.7

표 4.36 화교 일원으로서 자부심 고취

항 목	화교 일원으로서 자부심 고취				
	매우 그렇다	그렇다	보통	그렇지 않다	매우 그렇지 않다
빈도(147명)	59	30	46	7	5
비율(100.0%)	40.1	20.4	31.3	4.8	3.4

47 郭玉聰・朱新建. "在日二世、三世華僑華人の中華文化志向研究—神戸華僑華人と在日福清華僑華人の比較—". 『愛知學院大學 教養部紀要』 第54巻 第1号. p. 124.

둘째, 화교인으로서의 귀속의식을 가지고 있는지에 대해 42명(28.6%)이 '매우 그렇다', 35명(23.8%)이 '그렇다'고 대답하여 전체 147명 중에서 77명(52.4%)이 긍정적으로 평가하였다.

셋째, "화교화인의 일원인 것에 자부심을 가지는가"에 대해 59명(40.1%)이 '매우 자부심을 가진다', 30명(20.4%)은 '자부심을 가진다'고 응답하였다. 이러한 조사를 통해 일본의 화교화인은 화교로서의 자부심이 강한 것으로 조사되었다.

(2) 일본화교의 문화변용

첫째, 일본 거주 화교들이 일본사회로의 동화 정도를 살펴보기 위해 "중국인보다 일본인과 잘 어울린다"에 대해서 67명(45.6%)이 '그렇지 않다'라고 대답하였다. 그리고 "중국인보다 일본인이 나를 더 잘 이해하는 것 같다"에 55.1%가 일본인이 더 잘 이해해 주는 것은 아니라고 응답하였다. 직장이나 학교에서 일본인과의 사회 교류 측면에서 "직장이나 학교에서 친구의 대부분은 일본인이다"에 대해 50.3%가 '그렇지 않다'고 응답하였다.

이와 같은 설문조사 결과를 요약해 보면, 일본에서의 경제활동 및 사회 활동의 확대로 일본 사회로의 진입이 활발하지만 이는 사회 활동에 필요한 필요조건일 뿐이며 화교 간의 민족적 공감대가 강하게 형성되어 있어서 동화가 이루어지고 있다고 볼 수 없을 것이다.

표 4.37 동화 정도

항 목	그렇다	보통이다	그렇지 않다
일본인들과 더 잘 어울린다	17(11.6%)	63(42.9%)	67(45.6%)
일본인이 나를 잘 이해하는 것 같다	14(9.5%)	52(35.4%)	81(55.1%)
일본인과 교제하는 것이 더 편하다	15(10.2%)	64(43.5%)	68(46.3%)
직장이나 학교에서 친구의 대부분은 일본인이다	15(10.2%)	58(39.5%)	74(50.3%)

표 4.38 분리 정도

항 목	그렇다	보통이다	그렇지 않다
나의 친한 친구들은 중국인들이다	67(45.6%)	54(36.7%)	26(17.7%)
중국인이 구성원인 사교 모임에 가기를 좋아한다	44(30.8%)	71(48.3%)	32(21.8%)
중국인들이 더 평등하게 대해 준다고 느낀다	39(26.5%)	75(51.0%)	33(22.4%)
중국인들과 함께 있을 때 편안하다	48(32.6%)	70(47.6%)	29(19.7%)

둘째, "나의 친한 친구들은 중국인들이다"에 대해 67명(45.6%)이 '그렇다', 26명(17.7%)이 '그렇지 않다'고 대답하여 대다수의 화교들은 중국 친구들을 선호하며, 이는 대다수가 중국인과의 교류와 소통이 중요하다고 판단하여 32.6%가 "중국인과 함께 있을 때 편안하다"고 응답하여 민족적 결속력이 강하게 작용하여 거주지에서의 현지인과의 교류보다 동족 간의 결속력이 강함을 알 수 있었다.

하지만, "중국인이 구성원인 사교 모임에 가기를 좋아한다", "중국인들이 더 평등하게 대해 준다고 느낀다"에 대해서 각각 30.8%와 26.5%로 다소 낮게 조사되었다.

셋째, 장기간 타국에 거주함에 따라 동화되어 결국 현지국의 문화에 통합되는 경향이 "중국인뿐만 아니라 현지인 친구가 있다", "중국인, 일본인 모두 나를 소중히 여긴다", " 내 주변의 모든 사람들에게 편안함을 느낀다"에 대해 각각 33.3%, 27.95%, 29.2%로 대다수가 긍정적으로 인식하고 있는 것으로 조사되었다. 현지국, 즉 일본사회로의 진입을 통해 타민족과의 접촉의 증가로 거주국 사회로의 통화는 어쩔 수 없는 현상일 것으로 보인다.

넷째, 일본화교의 주변화 정도를 살펴보면 주변화 정도는 높지 않은 것으로 나타났다. 즉 "중국인이든 일본인이든 교제하는 것이 어렵다고 느

표 4.39 통합 정도

항 목	그렇다	보통이다	그렇지 않다
중국어로 생각한 것처럼 일어로 생각할 수 있다	27(18.4%)	67(45.9%)	43(36.3%)
중국인뿐만 아니라 현지인 친구가 다 있다	49(33.3%)	58(39.5%)	40(27.2%)
중국인, 일본인 모두 나를 소중히 여긴다	41(27.9%)	68(46.3%)	38(25.9%)
내 주변의 모든 사람들에게 편안함을 느낀다	43(29.2%)	71(48.3%)	34(22.5%)

표 4.40 주변화 정도

항 목	그렇다	보통이다	그렇지 않다
중국인이든 일본인이든 교제하는 것이 어렵다	20(13.6%)	69(46.9%)	58(39.5%)
가끔 모든 사람이 나를 좋아하지 않는다고 느낀다	15(10.2%)	60(40.8%)	72(49%)
아무도 나를 인정해주지 않는다고 생각한다	11(7.5%)	51(34.7%)	8(57.8%)
가끔 모든 사람들을 신뢰하기 어렵다고 느낀다	16(10.9%)	64(43.5%)	67(45.6%)

낀다", "가끔 모든 사람들이 나를 좋아하지 않는다고 느낀다", "아무도 나를 인정해주지 않는다고 생각한다", "가끔 모든 사람들을 신뢰하기 어렵다고 느낀다"에 대해 각각 13.6%, 10.2%, 7.5%, 10.9%로 낮게 조사되었다. 일본으로의 이주가 장기간 지속될수록 일본사회로의 적응과 일본사회의 수용이 함께 잘 이루어지고 있는 것을 나타났다.

(3) 화인 디아스포라의 사회·문화적 혼종성

① 결혼관의 변화와 일본 화교사회의 화인화

국제결혼율은 거주국과 이민 사회 간의 사회적 거리를 나타내는 것으로 동화 정도를 대표하는 지표가 된다. 전통적으로 화교의 결혼관은 가족중심으로 전통적인 가치관을 가지고 있다. 일본 1세대 노화교의 경우 전통적인 결혼관을 보유하고 있고 같은 중국인과의 결혼을 하며 자녀들도 외국인과의 결혼을 반대하는 가치관을 가지고 있었다. 제2세대 화교로 가면서 제1세와 동일하게 같은 중국인과의 혼인의 중요성을 인정하지만 개인 의견이 중요하다고 하였다. 하지만, 중일 관계 정상화 이후 사회적 안정화 시기에 일본에서 출생하고 성장한 화교 제3세와 4세대로 갈수록 일본인의 생활 방식, 사고방식과 가치관과 근접하게 되면서 결혼을 민족의 범위로 한정하지 않는 결혼관으로 변화하였다. 그 결과 일본인과 결혼율을 살펴보면 1965년 66%, 1975년 83% 그리고 1980년도 이후에는 90%를 넘었다.

일본으로 신이민한 화교는 노화교와는 다른 가치관을 보였다. 즉 신이민의 60-70%는 일본인과 결혼했으며, 이는 노화교 2세대의 국제결혼 비율과 비슷했다. 현재 신화교의 90% 이상은 일본인과 결혼에 대한 긍정적인 생각을 갖고 있는 것으로 나타났다. 이처럼 신화교의 증가와 함께 결혼

표 4.41 1994-2004년까지 재일화교의 법적지위 현황

년도	영주자 (A)	특별 영주자(B)	영주자의 배우자(C)	일본인의 배우자(D)	정주자 (E)	취업/유학 (F)	화교=A+B +C+D+E +F
1994	22,583	4,798	817	35,058	28,382	22,768	114,406
1995	23,568	4,685	851	37,310	30,653	23,314	120,381
1996	25,805	4,571	890	39,948	33,578	28,279	133,071
1997	28,445	4,454	967	43,714	36,941	29,710	144,231
1998	31,591	4,349	1,055	45,913	38,927	32,546	154,381
1999	37,960	4,252	1,346	48,698	38,982	33,358	164,596
2000	48,809	4,151	1,724	50,525	37,337	35,805	178,351
2001	58,778	4,060	1,961	53,554	36,580	38,874	193,807
2002	70,599	3,924	2,252	53,126	35,020	40,814	205,735
2003	83,321	3,406	2,698	52,016	33,292	41,839	216,572
2004	96,647	3,306	2,988	51,854	32,130	45,643	232,568

출처: 법무성에서 발표한 외국인 등록자 통계를 기초로 작성

관의 변화는 화교사회를 일본 사회로의 동화를 촉진시키고 화교와 일본민족 간의 융합을 가속화시켰다고 볼 수 있다.

② 귀화에 대한 인식과 화교사회의 변화

일본의 현행 '국적법' 규정에 따르면, 외국인이 일본에서 연속으로 5년 이상 거주하면서 현지에서 경제적 생활 수단이 있고 어떠한 범법 행위가 없는 외국인은 일본 국적을 신청할 수 있다고 외국인에 대한 제한이 완화되면서 대다수의 화교들이 일본 국적을 취득하였다. 거주국의 국적을 취득하는 이유를 살펴보면, 첫째는 일본 국적으로 전환하면 세계 각지를 여행할 경우 무비자로 편리하다는 것이다. 둘째는 세계경제가 글로벌화되면서 해외 출장이나 유학을 갈 경우 복잡한 비자 문제가 해결된다는 것이다.

화교의 일본 국적 취득과 관련해서 李先生과 羅先生의 구술 내용을 발췌 정리하였다.

> "나는 이미 일본 국적을 취득했지만 대외적으론 중국어 이름을 그대로 사용하고 있다. 다른 사람이 날 어떤 나라 사람이라고 여기는 건 모르겠다. 하지만 중요하지 않다. 내 스스로가 나는 중국인이라 생각하며 나는 화교화인이다."

> "일본 국적을 취득했지만, 비즈니스를 하는 사람들은 어디든 갈 수 있고 생활상의 편의가 있기 때문에 일본 국적을 취득한다. 하지만 그건 여권상의 문제지 정신적으로 나는 여전히 중국인이라는 데 한 치의 의심도 없다. 민족 정체성 측면에서 혼란을 겪은 적이 없다."

위와 같이, 요코하마에 거주하는 신화교들은 거주국 선택의 목적이 정체성을 표시하는 상징으로 인식하는 노화교와는 상이하다.[48] 즉 경제적 이유와 편리성 때문에 거주국의 국적을 취득하는 화교가 증가하고 있지

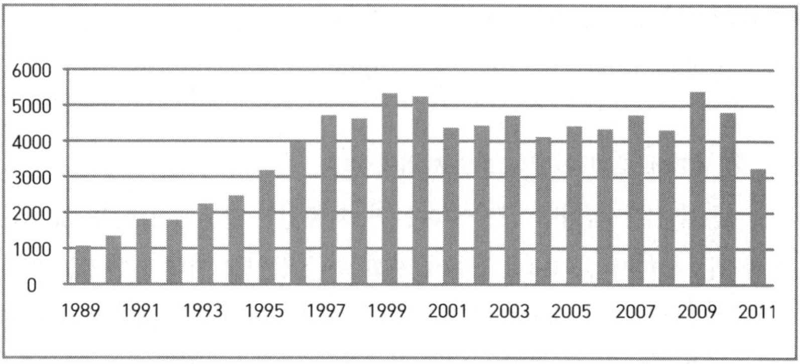

출처: 일본 법무성 민사국 통계자료 참고

그림 4.6 중국인 귀화 허가자 수(1989-2011)

만, 여전히 스스로가 중국인이고 모국은 중국이라는 민족 정체성이 강하였다. 또한 일본 국적을 취득한 화교 또한 스스로 중국인이라고 인식하고 있었다. 성장 배경과 세대에 따라서 일본 국적 취득에 대한 생각은 다소 차이가 있었다. 일본 사회에 정착하는 화교의 증가와 함께 생활상 또는 업무상 편의를 도모하기 위해 일본 국적을 취득하는 중국인의 수도 1990년대 중반부터 큰 증가 추세를 나타내고 있다. 1990년대 이후 귀화자 수가 크게 늘어나 1997년 이후 매년 4,000명 이상 꾸준히 유지해오고 있다.

이러한 수치는 일본 정부가 외국인 정책을 완화하면서 다수의 화교화인이 일본 국적을 취득하는 계기가 되었다. 따라서 신이민자의 귀화관을 살펴보면, 우선 신이민자의 대다수가 일본인과 결혼을 통해서 혈연, 지연, 업연 등 특수한 관계를 갖게 되면서 일본으로의 국적 취득에 대한 우선권을 주었다. 또한 신화교는 일본의 침략 전쟁에 대한 역사적 경험이 없었던 세대로서 일본에 대한 거부감이 적고 상대적으로 일본에 대한 긍정적인 가치관을 갖고 있는 것이 국적 취득을 하게 하는 원인으로 나타났다. 그

48 何彬. "生活表象与文化認同-日本新華僑華人群体試析". 『中山大學學報：社會科學版』 第3期, 2007. 16頁.

결과 일본 귀화 수는 1994년 2,478명, 1995년 3,184명, 1996년 3,976명, 1997년 4,729명으로 매년 평균적으로 20% 증가하는 것으로 나타났으며, 거주국 국적 취득자 대다수가 신화교로 나타났다.[49] 특히 신이민의 거주국 국적 취득률이 증가하는 이유 중에서 자녀의 미래와 일본에서의 경제활동이 주요한 이유였다.

1952년부터 2005년까지 일본에 귀화한 중국인 수는 9만 6,762명에 달한다. 그중에서 1952년부터 1989년까지 37년간 일본 국적 취득 수는 3만 7,883명이었지만, 1989년부터 2005년까지 17년간 귀화자 수는 5만 9,945명에 달해 최근 몇 년 동안 중국인의 귀화가 증가하는 추세이다. 따라서 전통적인 화교화인 사회에서 새로운 발전을 촉진시키는 화교화인 사회의 구조의 다양화를 초래시켰다.

③ 일본화교 자녀에 대한 교육

문화나 언어가 동화되거나 퇴색되어 그 유지와 사용이 제한되거나 불가능하게 될 경우 이를 유지하려는 사람들의 정체성 위기가 발생하게 된다. 언어 문화의 유지와 계승은 민족 정체성의 형성에 중요한 요소이며, 전통문화에 대한 교육과 모국어 사용 능력은 전통 민족문화 계승의 중요한 기준이 된다. 특히 민족 언어 · 문화의 계승은 소수 집단의 발전과 소수 사회를 유지시켜주는 근간이 되기 때문에 민족 언어 · 문화의 상실은 소수 집단 자체의 소멸로 이어질 위험이 있다고 하겠다. 상이한 문화 환경에서 성장하는 화교화인에게 화교학교는 민족의 언어, 전통문화 교육을 통해서 중국인으로서 자각을 갖게 하기 위해서 민족교육을 체계적으로 실시해오고 있고 화교화인 사회에서 중심적인 존재로서 역할을 해오고 있다. 반면 소수 집단은 민족 언어 · 전통문화를 차세대에 계승해 나가기 위해 스스로

49 朱慧玲.『中日化以來日本胡橋華人社會的變遷』. 厦門大學出版社, 2001. 151頁.

다양한 교육 활동을 실시해오며 가장 대표적인 기관이 화교학교라고 밝혔다. 150년 이상의 역사를 가진 화교학교는 설립 당초부터 재일 화교화인 아이를 주요 교육 대상으로, 중국어 및 중국문화 등 민족 문화 교육을 중심으로 실시해왔다. 그리고 최근 화교화인 사회의 확대와 다양화에 따라 민족 언어 · 문화 교육에 대한 요구도 높아지고 있다. 즉 화교학교의 교육은 민족 고유의 언어 및 문화를 계승하는 중요한 역할을 담당해 왔고 모국의 언어, 문화, 전통을 가르치고 중국 민족성을 유지시켜 집단의 정체성을 계승해 올 수 있었다. 한편 1990년대 이후 화교화인 사회의 내부구조의 다양화, 일본사회의 다문화, 다민족화 그리고 중국 경제성장으로 화교교육에도 많은 변화를 가져왔다.

1945년 재일 중국 아동이 5,000명이며 그중에서 3,500명인 70%가 화교학교에서 교육을 받았으며, 민족문화에 대한 교육을 통해서 전통문화에 대한 계승이 이뤄졌다.[50] 하지만 오늘날 신화교의 이주와 더불어 일본문화와 생활에 동화되면서 탕런제보다 일본사회에서 거주하는 화교인이 증가하면서 일본학교에서 교육을 받은 2세대 3세대가 증가하면서 중국 전통문화의 가치에 대해서 알지 못하는 후예가 증가하고 있다. 또한 재일화교학교에서 교육을 받을 수 있는 학생의 수는 한정적이다.

요코하마 야마테 화교학교의 중국어와 중국 전통문화 교육과 관련해서 교육부장인 장 선생의 면담 내용을 발췌 정리하였다.

> "수많은 재일화교들이 자녀가 화교학교에서 교육받길 원하지만 현재 우리 학교가 수용할 수 있는 400명 정도에 불과하다. 그래서 화교학교에 진학하고 싶지만 진학할 수 없는 화교들이 더 많다. 화교학교에서는 중국어로 수업을 하며 중국 전통문화에 대한 교육과 체험을 통해서 전통문화의 중요성과 가치를 스스로 알아간다."

---

50 朱慧玲, "日本華僑華人文化認同当地化之態勢". 『八桂僑史』 第1期, 16頁, 1999.

화교학교 이외에 일본학교에서 교육을 받은 일본화교는 일본 학생들과 동일한 교육을 받게 되면서 일본문화로 동화되어 가며, 상이한 문화 환경에서 성장한 신화교의 2세대들은 전통문화에 대한 정체성이 약해지고 있다고 볼 수 있다. 실제로 설문조사에 따르면 중국어를 배워야 한다고 생각하냐는 질문에 3세대의 36%가 그저 그렇다고 응답을 하여 1세대에 비해서 중국어를 배우고 지켜야 한다는 의식이 많이 퇴색되었음을 알 수 있다.[51]

51 윤성민, 전게 논문, pp. 365-369.

제5장 맺음말

해외화인의 전통적인 민속문화는 해외 화교화인이 가장 중시하는 문화유산일 뿐만 아니라 기타 민족들이 함께 참여하고 소통하는 하나의 축제로 발전하였다. 또한 화인이 거주하는 공간에는 화인의 민속문화 활동이 거행되고 있을 정도로 춘절이나 사자춤과 같은 전통적인 민속문화는 세계로 뻗어나가고 있다. 전통 민속문화에 대한 화교의 정체성 변화를 살펴보면 다음과 같다.

첫째, 중국인으로서의 정체성이 강하다. 중국 전통문화를 유지하는 것은 중국인으로서의 정체성을 유지하는 것이라 여기고 있었다. 그리고 화교사회가 화인사회로 변화하면서 거주국의 국적을 취득하는 추세가 나타나지만, 한국문화 및 일본문화나 혹은 정체성으로 동화되는 것을 의미하지는 않는다. 1980년대 이후 일본은 세계에서 두 번째 경제 대국으로 성장하였지만, 국제화 추세에 따라서 일본 국내외적인 변화와 더불어 외국인에 대한 귀화정책도 완화되었다. 그 결과 1985년 '국적법'의 개정으로 '부모혈통주의 원칙'이 채택되어 어머니가 일본인이면 자동으로 일본 국적을 취득할 수 있게 되면서 귀화의 조건과 절차도 완화되었다. 그중에서 화교 2세, 3세부터 귀화의 경향이 두드러지게 나타났다. 하지만 대다수 화교의 귀화 목적은 일본에서의 경제활동의 필요성에 의한 것이다. 따라서 거주국 사회와 거주국 문화로 융합하기 쉬워졌음을 의미하진 않는다. 인터뷰에서도 화교로서의 정체성을 유지하고 있는 것으로 나타났고, 특히 스스로가 중국인이란 정체성에 대한 강한 자각을 가지고 있었다.

둘째, 중화문화에 대한 정체성에 대해서 2세대, 3세대 화교들도 중국문화의 전승과 보존에 대한 강한 의지를 나타냈으며 중국어와 중화문화에 대한 교육의 중요성을 강조하였다. 화교학교 출신의 화교화인은 화교학교에 대한 깊은 애정을 가지고 있었다. 그리고 '민족교육을 통해서 조국에 대한 문화, 정신, 역사를 지키고 후손들에게 중국과 중화문화의 중요성을 일깨우고 지켜나가기 위해서는 화교학교가 중요하다고 느끼고 있었다.

화교학교 출신의 대다수 부모는 자녀를 화교학교에 보내는 것에 적극적이었으며 손자 손녀들도 화교학교에 보낼 것이라고 생각하는 화교도 많았으며 화교학교가 중국인으로서의 정체성을 확립하는 데 중요한 바탕이라고 생각하고 있었다. 그리고 화교학교에 입학시키고 싶지만 보낼 수 없는 경우 어쩔 수 없이 일본학교에 입학시키지만 중국으로 유학을 가서 모국의 언어와 문화를 배울 기회를 갖고자 하는 경우도 있었다. 일본의 화교학교는 오랜 역사를 가지고 있을 뿐만 아니라 세계적으로 인정하는 화교학교 중 하나이다. 한국 차이나타운에서도 화교화인의 2세, 3세들에게 중화사상과 중국의 전통 민속문화를 알리고 보존하는 데 중요한 역할을 해오고 있다. 중화문화의 보존과 전승 과정에서 중화문화에 대한 정체성이 강화되고 있다. 화교화인 2세, 3세들이 중국문화를 지키고자 하는 의식이 강하였다. 화교유치원에서부터 중국문화를 배우고 춘절을 지내고 사자춤을 배우면서 중국문화에 대한 친근감이 강화되고 있었다. 또한 화교화인뿐만 아니라 일본인들도 중국문화에 대한 친근감을 가지면서 직접 춘절 행사에 참여하면서 문화를 향유하고 있었다. 일본의 화교화인의 경우 배우자 선택에 있어서 중국인을 중시하는 경향이 있다. 하지만 중국인의 수가 적고 거주국에서 거주하면서 현지인과 결혼하는 비율이 점차 증가하고 있었다. 그리고 일본사회와 한국사회에서의 경제활동으로 일본어와 한국어는 필수적인 언어로서 모국어가 되어가고 있었다. 하지만 대다수 화교화인은 중국인으로서 중국어는 기본적으로 사용하고 있었다. 이는 중국어가 중국문화 전통의 기본적인 핵심이란 생각은 변함이 없었다.

셋째, 귀화 현상과 관련해 재일화교의 귀화경향이 갈수록 두드러지게 나타나는 데 반해 2세, 3세 화교화인은 여전히 중국 전통 민속문화를 보존하고 지향하고 있었다. 화인의 사회는 중국문화의 특색이 가장 농후한 특색을 가지고 있다. 인종차별과 중국인에 대한 불평등한 대우가 화교화인을 응집시키고 중국의 문화를 지키려는 중요한 요인으로 작용하였다. 따라서 화교화인이 한국사회와 일본사회 그리고 일본문화와 한국문화에 동화된 것처럼 보여도 실제로는 수용을 하면서 여전히 중국 전통민속 문화를 전승하려는 경향이 나타났다.

이 책은 해외화인의 민속문화에 대한 특징을 살펴보고 한국 화교사회와 일본 화교사회에서 중국의 전통 민속문화가 어떻게 유지되고 전승되는지를 통해 문화적 혼종성의 변화와 거주국의 국적 취득 혹은 모국의 국적 소유 여부가 문화정체성의 변화에 어떠한 영향을 미치는지를 살펴보았다. 그러나 21세기 초국적 이동이 보편화되면서 해외화인의 전통문화에 대한 인식과 정체성이 다원화주의로 화인화 현상이 촉발됨에도 불구하고 일본화교의 국적 선택과 민족 정체성에 대한 인식은 일치하지 않았다. 또한 매년 반복적으로 행해지는 전통 민속문화로부터 민족적 공동체로서의 정체성을 확인하며 문화행위를 통해 중화문화를 향유하고 해외에 거주하는 화인 간에 혹은 일본인과 문화에 대한 공감과 상호 이해의 소통의 통로로서 인식해나가고 있음을 알 수 있었다.

참고문헌

공지영. “동아시아 해항도시의 이문화 공간 형성과 변용—부산 초량동 “차이나타운”을 사례로”. 『석당논총』 제50집, 2011.

김기호. “초국가 시대의 이주민 정체성: 한국화교의 사례 연구”, 서울대학교 석사학위 논문, 2005.

김렬. “결혼이주여성의 문화접변에 대한 정책지원의 효과”. 『한국정책과학학회보』 제15권 제4호, 2011.

김세원. “혼종성과 문화정체성에 관한 소고”. 『철학과 문화』 제28집, 2014.

김수정 · 양은경. “동아시아대중문화물의 수용과 혼종성의 이해”. 『한국언론학보』 50(1), 2006.

김승. “일제강점기 부산화교의 존재형태와 사회정치적 동향”. 『지역과 역사』 제34권, 2014.

김영술. “인도네시아 중국계 페라나칸의 혼종성 연구”. 고려대학교 아세아문제연구소. 『아세아연구』 57(1), 2014/03.

김중규. “한국의 화교 거주지 연구—인천 지역을 중심으로”, 경희대학교 교육대학원 석사학위논문, 1993.

김홍매 · 심약남. “일본화교학교의 교육과정에 나타난 문화정체성 연구”.

나가이 미유키. “화교정체성 형성에 관한 연구—한국과 일본의 화교사회 비교를 중심으로—”, 서울대학교 대학원 석사학위논문, 2004.

노혜진. “차별과 타자화 속의 한국화교의 정체성: 광주지역 화교를 중심으로”, 전남대학교 대학원 석사학위논문, 2012.

데이비드 허다트 저 / 조만성 역. 『호미 바바의 탈식민적 정체성』, 앨피, 2011.

박규택 · 하용삼 · 변광석. “이질적 인식과 실천의 장으로서의 로컬, 부산 차이나타운—상해거리, 축제, 화교학교를 중심으로—”. 『한국사진지리학회지』 20권 3호, 2010.

박향화 · 강영조. “부산 상해거리 상점 전면부 경관요소의 유형적 분석과 중국 전통 경관이미지의 재현 수법에 관한 연구”. 『한국전통조경학회지』 30권 2호, 2012.

변청자. “한국문화정책과 문화정체성의 문제”, 홍익대학교 대학원 석사논문, 2003.
부산직할시사편찬위원회. 『부산시사』, 부산직할시, 1989.
서나래. “한국화교의 문화 혼종성 교육 경험과 정체성 형성: 국제학교 사례를 중심으로”. 『한국교육사학』 제36권 제3호, 2014.
성정혜. “탈식민 시대의 디아스포라와 혼종성: 살만 루시디의 『자정의 아이들』, 『수치』, 『악마의 시』”, 이화여자대학교 대학원 박사학위논문, 2010.
안미정. “부산화교의 가족 분산과 국적의 함의”. 『역사와 경제』, 제78권, 2011.
윤성민. “일본화교의 문화정체성 변화에 관한 연구”, 한국평화연구학회 학술회의 발표논문, 2013.
윤인진. “중앙아시아 한인의 언어와 민족정체성”. 『재외한인연구』 제7권, 1997.
이관수. “호미 바바의 혼종성과 『제스처 라이프』에 나타난 하타의 위장 전략”. 『인문학논총』 제36집, 2014.
이수안. “문화혼종화 양상에 대한 문화이론적 연구: 1970년대 이후 한독 문화교섭을 중심으로”, 『한독사회과학논총』 제23권 제3호, 2013.
이동현. “일본의 3대 차이나타운 특징과 시사점”, 부산발전연구원, 2009.
이범수. 『인천 화교의 문화적응에 대한 연구』, 인천대학교 인천학연구원, 2008.
이성우 · 고금석 · 류정호 · 인종강. “결혼의 결정요인과 결과에 관한 연구”. 『한국사회학』 제36집 제6호, 한국사회학회, 2002.
이수범. “인천 화교의 문화적응에 대한 연구”. 『인천학연구』 9권, 2008.
이수안. “유럽의 한류를 통해본 문화혼종화—K-pop 열풍을 중심으로”. 『한독사회과학논총』 제22권 제1호, 2012.
이윤희. “문화정체성 확립을 위한 연구”. 『한국사상과 문화』 제51집, 한국사상문화학회.
이정희. “일본의 차이나타운 연구—고베 난킹마치(南京町)를 중심으로”. 『中央史論』 第40輯, 2014.
이종우. “한국화교의 현지화에 관한 연구—부산 거주 화교를 중심으로”, 동아대학교 동북아국제대학원 박사학위논문, 2007.
인닝. “한국화교의 정체성 연구: 부산지역 화교사회에 대한 설문조사를 중심으로”, 부경대학교 석사학위논문, 2008.
임채완 · 김경학. “중국 연변 조선족의 민족정체성 조사연구”. 『대한정치학회보』 제10권 제1호, 2000.
정영훈. “민족정체성, 그리고 한민족의 민족 정체성”. 『민족학연구』 제9권, 2010.
현택수. “세계화 시대의 문화 정체성”. 『2007년 아시아 문화정책 심포지엄』, 문화관광부 한국문화관광연구원.
히라타 유키에 · 전오경 공역. 『아시아를 잇는 대중문화』, 또하나의문화, 2004.

Berry, D. T.. "Iimmigration, acculturatin and adaptation, applied Psychology." *An International Review* 46(1), 1997.

Erick Erikson. "Identity and Upcootedess in Our Time." *Insight and Responsibility*, Notton Press.

Peter Kwong. "Chinese Migration Goes Global." YALE GLOBAL ONLINE, 2007.http://yaleglobal.yale.edu/content/chinese-migration-goes-global(2013/4/8)

Samuel Scheffler. "immigration and the significance of culture." [J]. *Philosophy and Public Affairs* vol. 35, no. 2, Spring 2007.

Stuart Hall. "Cultural Identity and Diaspora". edited by J. Rutherford. Identity, Community, Culture, Difference, London: Lawrence &Wishart, 1990.

_________. "The Question of Cultural Identity." *Modernity and Its Futures*, S. Hall, D. Held and T. McGrew.. Cambridge: Polity Press, 1992. pp. 273-325.

童家洲. "福州民间信仰对日本华侨社会的影响;闽都文化研究—"闽都文化研究"学术会议论文集(下), 2003.

纪宗安 · 崔丕. "日本对南洋华侨的调查及其影响(1925-1945)". 『中国社会科学』 01期, 2009.

张岩. "日本横滨华侨对中国保皇派的支持(1898-1911)". 『八桂侨刊』 03期, 2008.

过放 · 乔云. "初期日本华侨社会". 『南洋资料译丛』 04期, 2004.

赵英兰. "日本横滨开港与华侨社会". 『吉林大学社会科学学报』 01期, 2002

陈昌福. "从战后横滨中华街的变迁看旅日华侨的经济开发". 『华侨华人历史研究』 03期, 1989.

王健. "第二代日本华侨的愿望——访横滨华侨总会会长吕行雄". 『中日青年交流年鉴』, 1992.

陈昌福. "孙中山和日本华侨". 『上海师范大学学报(哲学社会科学版)』 03期, 1986.

罗晃潮. "20世纪70年代前日本横滨华侨社会的广东人". 『岭南文史』 02期, 2003.

張玉玲 · 张玉玲 · 石川朝子. "日本華僑 · 華人のアイデンティティ形成に関する一考察一アイデンティティ形成と他者との関係に焦点をあてて一". 『大阪大学教育学年報』 第11号, 2006.

岳程楠. “日本横滨山手中华学校教育特色论析”. 『八桂侨刊』 03期, 2009.
裘晓兰. “多元文化社会与教育—日本华侨学校的困境与发展方向”. 『中国青年研究』 08期, 2013.
______. “试论日本华侨学校的法律地位及其所带来的问题”. 『华侨华人历史研究』 01期, 2009.
郑永福. “中国根 山东家”—韩国釜山华侨华人生活闻见录”, 寻根 02期, 2007.
颜春龙. “从“联合早报0看海外华人的文化传承与变异”. 国际新闻界, 2008(8).
姗姗. “近代东南亚华侨华人对传统民俗文化“的继承”. 天府新论, 2006.
黄汉江 · 余景凤. “论海外华人文化”. 『江汉论坛』 09期, 1993.
韩震. “全球化时代的华侨华人文化认同的特点”. 『学术界』 135, 2009.
朱慧玲. 『中日化以来日本胡桥华人社会的变迁』, 厦门大学出版社, 2001.
______. “日本华侨学校的特点及其面临的课题”. 『华侨华人历史研究』 02期, 1994.
鞠玉华. “近代日本华侨华人的同化现象论析”. 云南民族大学学报(哲学社会科学版), 2003.
______. “论日本政府对华侨学校的政策”. 东南亚研 06期, 2004.
______. “对当前日本华侨学校发展状况的思考”. 『暨南大学华文学院学报』 01期, 2008.
______. “日本新华侨华人状况及未来发展走向论析”. 『世界民族』 02期, 2006.
吴健一. “日本华侨学校的历史与现状”. 『东南亚研究』 04期, 2002.
印红标. “80年代以来在日本的中国人”. 『国际政治研究』 02期, 2000.
唐燕儿. “论海外华文教育的发展及其趋向”. 『高等教育研究』 06期, 2009.
罗晃潮. “战后日本华侨人口, 职业变化初析”. 『华侨华人历史研究』 01期, 1990.
陈文寿. “当代旅日外国人及其经济地位—中国人与朝鲜人的统计分析”. 『华侨华人历史研究』 02期, 2000.
过放. “日本神户华侨华人研究史概论”. 『华侨华人历史研究』 01期, 2001.
裘晓兰. “试论日本华侨学校的法律地位及其所带来的问题”. 『华侨华人历史研究 01期』, 2009.
志娟. “日本华人华侨的特点”. 『考试周刊』 08期, 2008.
朱慧玲. “中日关系正常化以来日本华侨华人社会的变迁”. 厦门大学出版社, 2001.
______. “日本华侨华人文化认同当地化之态势”. 『八桂侨史』 01期, 1999.
______. “21世纪上半叶发达国家华侨华人社会的发展态势”. 『华侨华人历史研究』 02期, 2002.

何彬. “生活表象与文化认同-日本新华侨华人群体试析”. 『中山大学学报: 社会科学版』 第3期, 2007.
____. “春节与海外华侨华人的文化认知”. 『温州大学学报(社会科学版)』 03期, 2012.
____. “从海外角度看传统节日与民族文化认同”. 『文化遗产』 01期, 2008.
郭玉聪. “神户华侨华人二三代的中华文化认同”. 『华侨华人历史研究』 03期, 2001.
______. “日本华侨, 华人的数量变化及其原因”. 『世界民族』 05期, 2004.
______. “日本华侨华人二, 三代的民族认同管窥—以神户的台湾籍华侨, 华人为例”. 『世界民族』 02期, 2005.
吴健一. “日本华侨学校的历史与现状”. 『东南亚研究』 04期, 2002.
李明欢. “战后世界人口的增长与华人海外移民”. 『华侨华人历史研究』 01期, 1993.
郭梁. “浅析日本的华侨华人经济研究”. 『华侨华人历史研究』 01期, 1994.
庄国土. “海外贸易和南洋开发与闽南华侨出国的关系—兼论华侨出国的原因”. 『华侨华人历史研究』 02期, 1994.
罗晃潮. “战后日本华侨人口, 职业变化初析”. 『华侨华人历史研究』 01期, 1990.
印红标. “80年代以来在日本的中国人”. 『国际政治研究』 02期, 2000.
澁谷司 乔云. “日本的唐人街”. 『南洋资料译丛』 03期, 2013.
胡光明. “论当前日本新一代华人经济结构变迁的特点及原因”. 『东南亚纵横』 05期, 2004.
任江辉. “日本近代华侨教育的“中日因素”. 『东南亚纵横』 12期, 2010.
庄少月. “17世纪以来长崎华侨华人团体的变迁”. 『八桂侨刊』 01期, 2009.

関戸 明子. “横浜中華街における華僑・華人の生活様式の変容”. 『群馬大学教育学部紀要 人文・社会科学編』 50, 2001.
江晨, “在日華僑が作る横浜中街の地域特性”. 『法政大学大学院デザイン工学研究科紀要』 vol. 3, 2014
長友 麻苗未, “横浜中華街の発展とブランドイメージ”. 『学芸地理』(64), 東京学芸大学地理学会, 2009.
石川 朝子. “日本華僑・華人のアイデンティティ形成に関する一考察ーアイデンティティ形成と他者との関係に焦点をあててー”. 『大阪大学教育学年報』 第11号, 2006.
黄丹青. “日本における中華学校のバイリンガル教育実践に関する一考察ー横浜山手中華学校を事例としてー”. 『国立教育政策研究所紀要』 第134集, 2005
郭玉聡・朱新建. “在日二世, 三世華僑華人の中華文化志向研究ー神戸華僑華人と在日福清華僑華人の比較ー". 『愛知学院大学 教養部紀要』第54巻 第1号, 2006.
张玉玲. 『華僑文化の創出とアイデンティティ』, ユニテ, 2008.
______. "日本華僑による文化提示とエスニック・アイデンティティの主張ーロ神戸華僑歴史博物館の考察を中心にー". 『国際開発研究フォーラム』29, 2005.
______. "ミクロな視点から見る在日華僑のアイデンティティの形成過程ー二世, 三世および「リターン者」のライフ・ヒストリーを通してー". 『国立民族学博物館研究報告』30(1), 2005.
濱下武志. "華僑・華人史研究をめぐる東南アジアと東アジアの連続と断絶". 『東南アジア研究』43巻 4号, 2006年 3月.
王恩美. "揺れ動き始めた韓国華僑のアイデンティティ: 『韓中日報』に表Iれたナショナル・アイデンティティの検討を中心に". 『一橋論叢』, 128(3), 2002.
辻本 香子. "横浜中華街の共同体の変容における音と聴覚の役割". 第七回中日音楽比較国際シンポジウム, 於: 中国武漢音楽学院, 2007.
薗田悠. "華人ニューカマーによるエスニックコミュニティの郊外化-埼玉県川口市 芝園地区における地域変容--". 早稲田大学文化構想学部 社会構築論系 地域・都市論ゼミ 2, コミュニティ論, 2013.
鄒暁依. "Research overviews for language problems of long-term Chinese residents in Japan: Focusing on foreignness in contact situations". 『接触場面・参加者・相互行為 接触場面の言語管理研究』vol. 9, 2011.
寺井美由紀. "横浜中華街ー華人の歴史と商売の変化ー". 桜美林大学卒業論文, 2007.
齋藤譲司・市川康夫・山下清海. "横浜における外国人居留地および中華街の変容". 『地理空間』4-1, 2011.
山下清海・小木裕文・松村公明・張貴民・杜国慶. "福建省福清出身の在日新華僑とその僑郷". 地理空間 3-1, 1-23, 2010.
辻本 香子. "横浜中華街の共同体の変容における音と聴覚の役割". 第七回中日音楽比較国際シンポジウム, 於: 中国武漢音楽学院, 2007.
陳來幸. "華僑・華人ネットワークについて". 『現代中国研究』第16号, 2005.
何義麟. "戦後日本ナにおける台湾人華僑の苦悩ー・国籍問題とそのアイデンティティの変容を中心として". 『大原社会問題研究所雑誌』no. 679, 2015.
許点淑. "在韓華僑社會のエスニック・アイデンティティの形成と變容ー言語生活・職業変遷・婚姻觀念を中心にー". 『동북아문화연구』제11집, 2006.
李正熙. "在韓華僑の人口に関する考察(1883－1949年)". 京都創成大学紀要 第8巻

第2号, 2008. pp. 115-122.
张玉玲, "在日華僑の「中国文化」観と華僑文化の創出－横浜華僑による獅子舞の伝承形態から－", 『国際開発研究フォーラム』 23(2003. 3).

부산 동구청 차이나타운 특구 축제 공식사이트. http://www.chinatown-f.com
横浜華僑総会(대륙). http://www.yokohama-chinese.gr.jp/index.html
横浜華僑総会(대만). http://kakyonet.com/
横浜中華街. www.chinatown.or.jp/
横濱中華學院. http://www.yocs.jp/YOCS/
横浜山手中華学校. http://www.yokohamayamate-chineseschool.ed.jp/
横濱華僑基督教會. http://church.oursweb.net/church.php?pkey=820182

찾아보기

(ㄱ)

(ㄴ)

(ㄷ)

(ㄹ)

(ㅁ)

(ㅂ)

(ㅅ)

(ㅇ)

(ㅈ)

(ㅊ)

(ㅋ)

(기타)